Collection Poésie
dirigée par André Brochu

DU MÊME AUTEUR

POÉSIE

La septième chute, poésie 1982-1989, Moncton, Éditions d'Acadie, 1990. Prix France-Acadie.

Le cycle de Prague, Moncton, Éditions d'Acadie, 1992. Prix Émile-Nelligan.

Le passage des glaces, Trois-Rivières et Moncton, Écrits des Forges et Perce-Neige, 1992.

Nous, l'étranger, Trois-Rivières et Echternach (Luxembourg), Perce-Neige et Éditions Phi, 1995.

ESSAI

L'appel des mots. Lecture de Saint-Denys-Garneau, Montréal, Éditions de l'Hexagone, 1993. Prix Edgar-Lespérance.

SERGE PATRICE THIBODEAU

Le quatuor
de l'errance

suivi de

La traversée du désert

Poésie

l'HEXAGONE

Éditions de l'HEXAGONE
Une division du groupe Ville-Marie Littérature
1010, rue de la Gauchetière Est
Montréal, Québec H2L 2N5
Tél.: (514) 523-1182
Télécopieur: (514) 282-7530

Maquette de la couverture: Nicole Morin
Photo de l'auteur: Timothy Hellum, Wādi al-Mujib, Jordanie

Données de catalogage avant publication (Canada)

Thibodeau, Serge Patrice, 1959-
  Le quatuor de l'errance; suivi de La traversée du désert.
  ISBN   2-89006-544-8

  I. Titre.   II. Titre: La traversée du désert.

PS8589.H4436Q82 1995   C841'.54   C95-941093-7
PS9589.H4436Q82 1995
PQ3919.2.T44Q82 1995

DISTRIBUTEURS:

• Pour le Québec, le Canada et
les États-Unis:
LES MESSAGERIES ADP*
955, rue Amherst, Montréal, Québec
H2L 3K4
Tél.: (514) 523-1182
Télécopieur: (514) 939-0406
*Filiale de Sogides ltée

• Pour la Belgique et le Luxembourg:
PRESSES DE BELGIQUE S.A.
Boulevard de l'Europe, 117, B-1301
Wavre
Tél.: (10) 41-59-66
(10) 41-78-50
Télécopieur: (10) 41-20-24

• Pour la Suisse:
TRANSAT S.A.
Route des Jeunes, 4 Ter,
C.P. 125,
1211 Genève 26
Tél.: (41-22) 342-77-40
Télécopieur: (41-22) 343-46-46

• Pour la France et les autres pays:
INTER FORUM
Immeuble Paryseine,
3, allée de la Seine, 94854 Ivry Cedex
Tél.: (1) 49.59.11.89
Télécopieur: (1) 49.59.11.96
Commandes: Tél.: (16) 38.32.71.00
Télécopieur: (16) 38.32.71.28

Dépôt légal: 4ᵉ trimestre 1995
Bibliothèque nationale du Québec
Bibliothèque nationale du Canada

Bismillāh ir'Rahmān ir'Rahīm.

Si ma liberté n'était pas dans le livre, où serait-elle?

Si mon livre n'était pas ma liberté, que serait-il?

Tu feras de ce que tu vois ton écriture
et de ce qui te voit, ta lecture.

EDMOND JABÈS

LE QUATUOR
DE L'ERRANCE

PROLOGUE

Les adieux

Un soir, le jeune homme hanté vint trouver le Voyageur de Minuit et lui demanda sans préambule:

— Ô Voyageur, pourquoi suis-je en exil?

— Ô jeune ami, ta question est comme un cadre vide. Tu cherches sans lumière un objet inconnu parmi l'obscurité. La question de la fin, tu l'as mise au départ.

— Que faire?

— Ami de l'égarement, place ton pas dans le pas qui déchiffre le sens. Le sens de ta vie est dans l'exil? Apprends à connaître l'exilé de l'exileur. Cherche l'exil, son sens, et ton pourquoi sera comblé.

À ces paroles, le jeune homme répondit par son silence. Quelques instants pensifs, et d'un bond il fut dans la nuit.

SAYD BAHODINE MAJROUH,
poète afghan (1928-1988)

I

Bien en chair, les épreuves s'attachent aux coutures des
  vêtements,
Tendent la main, attendent l'aumône, veillent sur nous,
Évasives et vaseuses, arrogantes la nuit, multiples, se
  souciant de nous.

Enroulés dans un pagne, le corps osseux, la longue
  courbe de la route,
Le tumulte de la fatigue et l'œil vide: surgir dans le vaste
  sommeil de l'aveugle,
Et dans le cri du charognard, la nuit, invoquer le repos.

Ô mon Dieu! le pied dans la poussière s'acharne à danser!
À contre-jour, les odeurs de la rue, du passant; le monde
  est si bas!
Le cœur se soulève, se refuse la miséricorde sainte.

Choisir l'antre du pauvre, le combat des haleines, et sur
  la peau, le camphre;
Choisir l'éveil et le calme; à ma porte, muets,
Les amis fautifs, rancœur au plafond, les mains derrière
  le dos.

Et les mouches défilent, et de marcher dans la fumée
  d'un feu de foin;
L'obole, un fruit blet sous les arches fades des places,
Et souffre l'autre, et savoir qui je suis, savoir être le froid.

Le froid, mon silence. Mon regard: une scie tranche la
  foule, impassible,
Triche, et sifflent les balles quand se dénombrent les
  membres.
S'avance le froid, absence au beau milieu du manque.

15

Bien en chair, les épreuves; on s'achète une vie en route
  vers la gare;
On s'encrasse l'existence; sur un mur, une tache
  d'excréments.
Déserter l'essentiel, au passage, impavide et hautain.

II

Une pierre, dans la poitrine, une améthyste.
Avoir cru longtemps ne pas aimer, ivre et perdant.
Apprendre à compatir, ne pas me ruer, malhabile, vers la
  sagesse.

Ne pas gémir devant les sourires, les gestes serviles;
Devant l'infirme gisant sur la rougeur des places; devant
  l'horreur disloquée.
Mais feindre d'ignorer le pain rationné, broyer du sable
  grège.

En cette vie, faire un détour, trahir, une saleté dans l'œil.
Me protéger du délire et de la fascination. Aller, demain,
  faire un effort.
Aller jauger mon indifférence, mon égoïsme. Demain.

Prendre le temps de ralentir, le temps de m'arrêter.
  Prendre le Temps.
De cesser toute activité impose le Verbe, le poème,
  l'amour même.
Dieu, aimer! pouvoir aplanir mes âcres violences!

Tous les sens sont permis: rien ne règle ce qui circule.
Une ville se croit le centre, elle est suffisance.
Aux carrefours, un altruicide, un effacement froissé.

À chaque tercet, du lest tombe; verte l'encre,
Et tu dictes les mots vifs de l'insomnie.
Croire à la puissance du doute, passer à l'ennemi,
　　blême, vide, et creux.

Une pierre, dans la poitrine, une améthyste. Veiller.
Dehors, les cris des oiseaux; la défiance du monde
　　reniant sa pâture.
Misérablement, la nuit jette ses pierres, la nuit règle ses
　　comptes.

III

Les arbres s'agitent, dénoncent le complot de l'autour;
Au tournant, une vache traverse la rue; l'air souillé
　　assèche les yeux.
Tout rôde; halluciné, lire que le corps est un champ de
　　bataille.

Quelques hommes vont, dansent au lieu de marcher,
Ils commandent la dignité, sans sourire, balançant les
　　épaules,
Le tronc pivotant sur les hanches, et la très grande,
　　l'ineffable beauté.

Rompre ces liens, mais se lier au Verbe,
Soumis à la poésie, à ce lieu donné:
La Parole vive, et ces mots, à servir le Lieu unique.

Si loin de vous, amis, censures, bêtes blessées. Si loin de
　　vous, ténèbres.
Si loin des soupirs. Si loin de vous, habitudes connues.
Ces pas étrangers dans les miens, et ces yeux plats, posés
　　sur mon dos.

Le corps alléchant, léché par le vent; l'osmose, parfaite.
Le cercle, une flamme pure: elle se consume seule et
   d'un souffle s'allume;
Ô chatoiement des siècles, des tropiques las!

La connaissance du désordre: la mériter.
Ma peau blanche, banale, rien de si précieux, rien à
   convoiter.
Que ses limites, l'invitation au cachot.

Les arbres s'agitent, des étoffes couvrent un lit; entre le
   mauve et le rouge,
Le vent; les formes du vent, ses larges mains charnues se
   déplacent avec art.
Oh dormir! la chaleur: y sombrer. À satiété.

IV

La fumée de l'encens venue dans la chambre, désirée;
Allongé, nu, sans malaise et sans choix, et dans ma tête,
Refaire les dessins glauques des volutes. Boire de l'eau,
   de l'Himalaya.

Me livrer à la convoitise, à l'appétit vorace, cherchant où
   poser le regard.
Indomptable, la beauté émeut. C'est une intouchable.
Plutôt respirer l'éclosion des profils, des démarches, des
   gestes.

En rêve, des mains et des lèvres s'ouvrent à la surface de
   la chair
Offerte aux caresses; sinon proscrire du Livre les mains,
   les lèvres;
Sinon le corps s'installe où s'abîme, au réveil, le refus.

Prendre le parti de l'effondrement, le seuil rompu à
    repousser les voix,
Voleuses de mots. Intact, le Son entendu propose l'énigme.
Le poète défriche d'hostiles terres incultes, quelqu'un
    meurt à côté.

C'est à son cou que pend l'ombre fraîche, et l'aveu
    s'engage à le suivre.
La pierre est au cœur ce que l'air est au chant:
Lourd filet d'étreintes illusoires. M'y jeter, m'y laisser
    prendre, fervent.

Écrire pour ne pas me perdre; partir sans raison signifie
    déraison.
Présent le danger? ne voir que les angles, faire demi-
    tour;
Mon fétiche, l'écriture, la bêtise sous le bras; regardez:
    un poète. Un rire bête.

La fumée de l'encens venue dans la chambre. Une
    soirée passe,
Quelconque, insipide; grésillantes, lourdes, les heures
    traînent,
Et grouille un mille-pattes sur le mur, un lézard à sa
    suite.

V

Apprivoiser l'ossature en fuite, rejoindre l'Autre sans
    craindre l'écart,
Sans le vouloir, l'aimer. Mal digérer l'orgueil,
Et ce goût de bile en ma gorge? l'irréparable amour-
    propre?

Dans la fleur de l'âge, l'homme, un lys; un parfum sur sa
    tête,
Un arôme noble, et vulnérables, tous deux, et combien
    corruptibles.
Et les voilà, les puces en rangées qui me rongent les jambes.

Épris, florescent, de sa liberté, de sa charnure soyeuse
    s'éployant,
De sa luminosité exceptionnelle. L'âme essangée,
Comment les peut-il éviter, les flétrissures, les passions?

Que crépite l'oliban, que survive, une fois la fumée
    dissipée,
La dévotion la plus pure, ce qu'il met dans son ventre,
Entre l'os et la chair, un peu, un peu d'eau.

Aux lisières des bidonvilles de l'espoir, mes yeux
    s'illuminent.
Autrefois, l'affront fut un gîte, la colère, une table.
Préférer aujourd'hui le ciel bleu de Delhi, ses rues, ses
    cris.

Ou bien la nuit et ses étoiles blanches? Sommeil en jeu,
Nu sous un pagne, belle ébauche! le tout secoué,
Malmené dans les rickshaws du réel, des fourmis plein
    les yeux.

Apprivoiser l'ossature en fuite, le somme,
Le passant assommant. Voir dans le noir de la ville
    l'aube à venir,
L'aube fugace, et surtout, surtout, ne pas obéir.

VI

La perfection linéale des traits, le visage des hommes
　sombres
Aux turbans écarlates: le regard, les mains trahissent le
　choix,
Le choix d'être seul, d'être à l'origine du revêche insoluble.

Me déposséder de mon bien, à chercher la vérité dans
　l'apparat,
Dans le déploiement des cils; et l'étincelle apparaît,
Le passé dissout, raboteux accessoire, les esprits rassis, et
　la fraude, commune.

Appréhender l'idée du retour, les erreurs apprises des gens
Qui tenaient à m'enchaîner parmi les statues stériles,
　déloyales,
Parmi les manœuvres spécieuses des proches!

Témoigner; le prodrome est amer, mal accueilli,
Et Dieu se fait proche, et Dieu nous échappe,
Et loin du foyer, hélas! être chez soi.

À mes côtés l'honneur, l'étendard, et tête haute,
Proclamer mon rang, vêtu des aspects multiples de la
　Création:
Appartenir au lignage des hommes, des femmes libres.

Parcourir les chemins, savourer ma liberté,
Car vivre par elle et pour elle me donner.
Entre ses bras, me soumettre aux lois absurdes des marges.

La perfection linéale des traits, en contempler le bronze.
La beauté me pèse, me fait sombrer dans l'oubli, cruelle
　à regarder,
Inaccessible, la beauté m'inspire, aigre, l'infâme et triste
　laideur.

VII

La conscience d'un seuil me trouble; oser, ne pas oser le
  franchir,
Y laisser trop d'illusions: l'heure du choix n'a pas sonné.
Attendre la quête? le signal de l'ardente et pénible
  quête?

Le renoncement, ensuite la joie?
Le chagrin malgré la soumission à Sa Volonté, à l'esprit
  de Ses Lois?
Devant la porte ouvragée, brûler du même feu, gracié?

M'être rendu aux adieux, pieds et poings liés,
M'abandonnant à la plus que parfaite harmonie;
Mes passions font de moi un intrus, parole rudimentaire
  et mystifiante.

Le sens de la tentation: le mépris du discernement.
Oh! portraire la vie! mais ignorer ceux qui
  l'empoignent,
Ceux qui la rangent, loquaces, dans un livre, avant de
  s'endormir.

Les mots se dessèchent au fond de ma gorge;
La poussière, le sable brouillent la vue; le vent attise les
  braises sous les feuilles,
La fumée enfle, et l'homme hésite, se perd dans la
  masse, s'unit aux miséreux.

Si je ne tolérais plus la foule, serais-je perdu?
Si le mendiant rendait l'âme sur une pierre, qui le
  chercheur? qui l'appelant?
Homme pétrifié dans la cohue, exhibant la morsure à
  son flanc ravagé.

La conscience d'un seuil me trouble. Mon attente perce
l'oreille.
Et friable sous la langue, cette brève peur, cette peur
instante.
À l'horizon, la Montagne d'où me parvient, faible,
un écho.

New Delhi,
du 1er au 7 avril 1992.

CHANT PREMIER

L'ascension
de la montagne

Tu as vu le déclin; découvre l'élévation.

MEVLĀNĀ (JALĀL-OD-DĪN RŪMĪ),
poète persan (1200-1273)

I

C'est faux, la nourriture détruisant le corps: mais la nuit,
  en plein soleil.
Pris en otage, mes membres, et les frissons épuisent.
Ne pas me retourner, la rambarde est si loin.

Froidement, soutenir le regard fixe du danger, et de front.
La mort inquiète le sceptique; les certitudes du juste,
  inébranlables.
Que lui importent la fréquence de l'effondrement, la
  côte fêlée, l'affût?

Le couvre-feu est levé dans la ville; le courant est coupé;
De jeunes vierges d'ici sont vendues aux bordels de
  Bombay;
Le chaos s'insinue, fibreux, ceint la douleur, le mal, on
  compte les gouttes d'eau.

De très loin me parviennent les chants des lamas
  tibétains;
Le tonnerre; les aboiements erratiques de centaines de
  chiens;
Le son lugubre des fémurs taillés en trompettes.

Est-ce le délire, la fièvre ou la voix de la nuit?
Devant l'épreuve, tomber, une flamme s'éteint.
Souffle de vie! permets le repos! permets la fin de
  l'atroce ou le clou!

Le froid, le cru transpercent les laines du Tibet.
Dans la chambre parfument le camphre, la myrrhe,
Le cèdre et le jasmin; un os aigu, un angle perce à jour.

C'est faux, la nourriture détruisant le corps: m'enliser
    dans un lit,
Penser est un supplice alors que la Montagne est tout près,
Mais une paroi, un voile maudit, l'ombre d'un mur
    nous sépare, nous scinde.

II

L'onction d'un baume blanc sur mes tempes; et l'ambre
    brûle parmi les prières.
Précisément, la vie, qui la possède? que l'espoir d'une
    paix sans heurt,
Que le désir de la mort, qu'une étreinte fiévreuse.

Peur de m'affaler, de manquer de courage, si loin du
    sommet,
Au seuil de l'inquiétude, de la spirale accablante;
Mais ferme, le serment de m'y rendre la chair éraflée
    par l'effort.

Captif, le poussier de l'insomnie; une bougie m'éclaire,
    pâle, minime lueur
Dans l'écrasante nuit. Les volutes de l'encens apaisent
    mon trouble,
Opaques émigrantes assignées à mon lit.

Dans mes veines s'achève le combat;
La quête, forcément, entraîne la conquête.
Les forces nocturnes de l'effraie, sur les rongeurs des
    rigoles, s'acharnent.

Un homme crache; un enfant pleure sans arrêt depuis
    deux jours;
Des sons se bousculent et traversent les fils du rideau.
Dans ma chambre l'oubli du silence, l'oubli de mon
    propre nom.

Que sont le refuge, le réconfort dévoué de l'ami?
Le chaos pour logis, la fatigue et ses restes, le bruit
    constant des villes.
Des chiens errants, faméliques, s'entre-dévorent,
    hurlent, crèvent.

L'onction d'un baume blanc sur mes tempes: l'heure
    blanche.
Le calme, c'est l'aube. Bientôt, malgré l'épaisse fièvre
    étale, à genoux,
Sur les coudes, ramper, atteindre le Temple. Et fermer
    les yeux.

III

Impossible la lecture, le livre, immobile, obstinément
    fermé.
La fenêtre est sculptée, la ville est nuiteuse.
Une toux rauque, un souffle coupé: une fillette, à
    l'ombre des pierres.

Encercle la misère: les enfants triant des ordures dans
    les caniveaux,
Parmi les excréments, où trouver un témoin?
L'écriture ébranlée, renoncer, à jamais, à parler
    d'humanité.

Serait-ce la compassion, cet homme-oiseau les mains jointes
Apparu soudainement là-devant? Sur les marches
   disjointes du Temple,
Il sommeille, l'intouchable, deux mains noueuses posées
   sur un ventre plat.

Ô Déshonorant! comment entendre l'Appel dans le
   choc des pierres?
Dans l'éblouissement du bronze, dans les cassures de la
   voix?
La joie partout s'anime comme essaiment les mouches.

Le désordre, oh! vanité! s'écroulera près des écuelles
   bosselées
Remplies de brouet; des enfants dorment à même le sol:
   qui les a jetés là?
Passe parfois la soie vive d'un sari: la splendeur de l'insulte.

Les marchands parmi les crachats s'éparpillent; au lieu
   du poignard,
M'offrir le livre et l'étoffe. L'herbe pousse dans les
   échancrures de l'autel,
Dans les entailles du minerai, dans les lignes du visage.

Impossible la lecture, le livre, immobile, obstinément fermé.
Le regard plaintif dérape sur toutes les surfaces,
   n'adhère à rien.
Le monde entier se précipite à ma rencontre, criant, me
   barre la route.

IV

Parfaites les spirales, évanescentes, denses et rondes,
   enfumées;
Cette Montagne fut une île, une idole muette, attitude
   lustrale du roc,
Un jugement incisif: autour dansent les singes.

Mais le roc ne peut être immuable: à juger l'innocence,
Le verdict achoppe contre soi. Cinq cents marches
   mènent au sommet;
C'est le plus court chemin, tendu entre le glaive et le
   flambeau.

Le souffle est le Chant; les doigts s'entremêlent dans
   une danse lente,
Puis au claquement sec: l'éclosion. Et le cycle reprend,
   lentement,
La voie gracieuse du diamant taille l'épaisse nappe de
   brume.

Le bronze vibre, et le corps frémit. Les robes safran font
   l'aumône:
Vide la coupe, et vidée la patène. Un vieil homme trois
   fois se prosterne.
Le thé dans la main, puis versé sur la tête.

Les couleurs multipliées, le fracas des cymbales: que
   d'illusions!
Que de formes pour l'informe! Dans l'infini expansif
   réside la vie,
Le suprême horizon, le rosaire tibétain en vertèbres de
   serpent.

Sous la poussière des routes; sous les semelles des bottes;
Sous les dalles de marbre et sous le tapis: le vide.
Le sable et l'éveil lacunaire de l'habileté, de la virtuosité
    prompte.

Parfaites les spirales qui amènent vers Toi.
S'il est un Appel, le Son, c'est que Tu es l'Union, l'Aimé,
    l'Unique:
Mais, supplice! s'il n'était qu'un reflet?

V

Le regard flétrit dans la cendre, apposé à l'aspect des
    formes visibles;
La réalité, libérée des haillons, apparaît:
Une ampoule dénudée pend à un fil.

Le bruit, la vitesse malsaine, l'air souillé;
La présence du sommet: la nommer intuition. Sans faille
    et sans fin,
Sa splendeur: un champ de moutarde, une boule
    d'ambre.

La liberté goûte l'amande, la vanille; me réjouir de
    rompre le pain.
Un enfant ivre dans les rues de Katmandou: lire dans ses
    yeux mon visage,
Y voir tituber mon enfance, témoigner de sa chute.

Absorber les images, ô Manifeste! se condenser; laisser
    survivre l'humain?
D'un pas allègre, éclairer mon choix.
Le monde est si fauve, si blessé, si blessant, créé comme
    un acte en suspens.

Ponctuelle est la nuit, ainsi que l'amitié. Découvrir un
    poète,
S'exalter: une voix ramène l'errant près du chant:
Une étoile, un signe au ciel, au doigt la turquoise, au
    cou le corail.

Partager le sommeil avec le rocher; l'élan du rêve se fracasse,
Écrase dans l'œuf l'intention. Et pour être de sable le
    silence,
Le silence passe, et siffle la robe amarante d'un lama.

Le regard flétrit dans la cendre: que les signes du passage.
La joie se profile aux flancs des pics; si peu, avancer,
Et douter toujours, et face à la mort, redouter son Appel.

VI

À la suite de ces gens démunis, marcher les mains vides,
Ils transportent des offrandes. Les flûtes stridentes, les
    tablas scandent les pas.
La mère épouille un enfant sur le pas de sa porte.

Les chariots au repos étincellent au soleil; les rizières en
    terrasse,
Bientôt bétonnées; la faim tourmente des tisserands de
    cinq ans,
Ils font de petits nœuds pendant de longues heures à
    l'usine de tapis.

Les rêves noués des enfants: l'Occident les piétine,
insouciant;
Les couleurs contaminent les rivières, les poumons; les
femmes toussent,
Crachent des fibres de laine, lancent du riz vers des
idoles de pierre.

S'essouffler à grimper, à gravir, vertigineux, les abrupts,
Écœuré par l'odeur du purin, la moiteur de la crasse et
le bruit incessant;
Lamentable présence que la mienne, l'insolence inutile
d'un sot.

L'année commence; en souriant aux cythares, en
admirant les étoffes,
En vissant mon visage aux bassines de cuivre,
Très loin des pistes aux attentes trompeuses.

Les saranghis, les hautbois s'animent et se cassent les voix;
Dans leurs cheveux, des hommes secs ont piqué des
fleurs jaunes,
Courbés, une hotte d'osier tressé sur le dos, arqués,
immobiles.

Derrière ces gens démunis, marcher; ils mâchent des
feuilles de bétel;
M'acharner à vouloir connaître le secret, le sens intact
de leur joie.
Et trouver, savoir: ils ne possèdent rien, ils sont heureux
de donner.

VII

Les ravins s'ouvrent au passage, les paysans regardent,
  curieux,
Les gorges se précipiter au fond des ruisseaux
  cailloureux,
Écoutent gronder les rivières blanches où serpente la
  route, le long de l'adret.

Combien de montées, de descentes, combien de sherpas
  courbés
Pour un sommet, soudain, surgi de la brume épaisse?
Et pour combien de temps retenir son souffle, sa peur?

Les rizières se succèdent, les pains de sucre se penchent
  dessus;
Parmi les banians, les pipals, les fleurs de jasmin: la
  mort,
L'idée de la mort blottie au creux du gouffre, bête
  efflanquée.

Aux pieds des pics miroite un lac, et tombe la pluie.
Le tropique embaume l'air; les yeux, les yeux du corps
  visent un repère,
Une balise, un sens. Au coin des lèvres, absurde,
  l'indifférence.

Au bas des reins et sous les pieds, aux mollets, le long de
  l'échine,
Aux épaules faibles, une lassitude nouvelle, inconnue,
  fait son nid, reste;
Fatigué d'être, mon sort, le refus d'y réfléchir.

Le ciel se lève; c'est la nuit, le chant continu des
    insectes,
Les hurlements d'une meute de chiens. La pluie avale la
    poussière,
Les pas, le long du sentier montant au-dessus du village.

Les ravins s'ouvrent au passage; tant de distances à
    parcourir,
Tant de mots auxquels rendre la vie.
Pour apprivoiser le risque, pour ne pas me retrouver nu,
    trahi.

VIII

L'incomparable bonheur de me retrouver seul sous l'orage,
Sans lieu où aller, à regarder les éclairs dessiner des pics
    escarpés,
Obsédant souvenir d'un visage recouvert de cendre.

Trois fois, vouloir rebrousser chemin; le sentier
    rocailleux déchiqueté
Par la chaleur du soleil; la chute semble certaine
Vue d'un angle ou de l'autre; surtout, ne pas convoiter
    la déchirure.

Un chien enragé: calmer sa colère, mettre fin à l'écume
    qui baigne ses crocs;
Posément, avancer en chantant, continuer l'ascension,
Les dents du soleil sur la nuque, sur les mollets enflés.

Devant une barrière, hésiter; contourner des troncs
    d'arbres épineux,
Des barbelés rouillés, des clous crochis. Au détour, le
    sentier monte
Infiniment plus haut, plus loin, et laissés derrière,
    fossiles et lichens.

Au milieu de la ferme un enfant minuscule m'offre une
    fleur,
Puis sa main, cinq doigts osseux, un pétale de paume.
Deux pas avec lui, le quitter en souriant.

Ô liberté! t'étreindre! Préférer l'envol au nichoir, le rare
    à l'oubli,
En route vers le sommet; à mes pieds, tout en bas, un
    aigle plane,
Et sans penser à rien, suivre des yeux son vol curviligne.

L'incomparable bonheur de me retrouver seul, au sommet,
À chercher dans le brouillard la Montagne sainte, les
    cimes rarescentes
De l'exacte pureté. Son auguste présence s'effaçant dans
    le vide.

IX

Il est finalement venu, soudainement, silencieusement;
À l'horizon, le superbe triangle de sa présence sacrée.
La perfection mise au monde, les eaux calmes du lac.

La route: l'essence d'une bénédiction. La simplicité du
	bonheur,
Le salut du vent sur un visage trempé. Un aigle plane
Au-dessus du massif; respirer, demi-soupir trop
	longtemps retenu.

Ô tranquillité! enfin! repos des sens! éveil soudain du jour!
La Parole pourrait-elle égarer, soumise à l'engelure, à la
	faille large?
Non. La poésie est vitale à ce garçon affamé de Bhaktapour.

Une femme cueille des feuilles dans la montagne, un
	panier d'osier
Sur son dos; l'immensité intacte des glaces splendides,
	des pentes,
Du roc. Sous ses mains s'agitent l'abysse, l'affaissement.

Et s'efface le Machapuchre, dans le brouillard s'effrite la
	vue,
S'offrent, véhémentes, les illusions. Le corps engourdi,
Amaigri, le corps, ce matin, flexible comme le bois le
	plus sec.

Le sens de l'attente: renoncer au temps du monde,
Aux alibis éphémères, et nu, se prosterner,
	révérencieux,
Devant l'évidence et le doute, donner forme à l'altérité.

Il est finalement venu, soudainement, silencieusement;
Et vaste, la récompense, à la démesure de l'Annāpurnā,
Pour célébrer la pureté éternelle, irradiante, de la Vie.

X

Oh! de pouvoir écrire ces mots: le bonheur est
  authentique!
Une ligne d'horizon accidentée, distincte de la
  monotonie,
De la hâte; rajuster mes désirs, les couvrir de sciure.

Une Tibétaine m'offre des sons donnant forme à l'argent:
Je te salue! Joyau dans le lotus! Le support de l'Univers,
Le principe même de l'Unité, émergent, éruptif,
  densément pyrogène.

L'océan jurassique a noyé tout accès au sommet; l'Arbre
  de Vie,
Algue ou racine, germe éternel du monde connu, du
  Chant,
De la Parole sans forme. L'eau, l'eau sur la peau laisse
  une trace.

Le sentier à l'image de l'homme, à l'échelle de la marche,
Du pèlerinage vers le centre. À la base s'inscrivent le
  durable,
Les signes secrets du visible, les draps blancs, bêtement,
  tombés du lit.

Et l'éveil absolu, le tracé de la pierre conquérant les nuages;
L'azur, vaste refus, l'abandon des liens écrasant le monde;
Le signal du départ, aussi vaste que rompu, tonal, blanc
  de titane.

Poser le pied, calmement, consciencieusement, sans
  aucune exigence,
Sans attente, sans autre but que celui d'avancer, un pas à
  la fois,
Et murmurer: mis à nu, l'œil, rien ne peut l'enténébrer.

Oh! de pouvoir écrire ces mots: le bonheur sans limites,
sans prix.
Seules s'achètent, se marchandent, se vendent les limites
des sens,
Les corpuscules du tact, l'amertume et la honte.

XI

Délivré de la poussière et des cendres,
Seule est restée la lumière, sa grâce est divine.
La sagesse ancienne, si peu pratiquée; l'écriture est
passante.

L'unique soif qui assèche la voix, l'oubli de ce qui
soutient
Cette même voix, l'oubli du Son abreuvant la Source du
Chant.
Que d'eaux! que d'eaux perdues aux parois du chagrin!

Rien ne nous sépare l'un de l'autre, rien ne nous sépare
de Dieu:
L'Harmonie transmuable, mélodieuse,
Et souple roseau; le souffle l'anime dans sa fuite.

Et là venu quand plus personne, plus rien n'importait:
Serait-ce le centre du discours? le vertige est éteint,
Les vêtements à l'abandon s'agitent dans le vent, dans le
vide.

Le seuil est loin derrière moi, la Montagne disparaît
dans la brume,
La Montagne n'a jamais existé. La viduité de mon corps,
L'absoluité voilée de la soie posée sur un buisson d'épines.

Un seul rayon de lumière, et se tracassent les glaciers de
   l'ignorance,
Des préjugés et du doute. L'écho n'est pas la Voix;
Le poème n'est pas le Son; l'azalée n'est pas l'Amour.

Délivré de la poussière et des cendres; seule est restée la
   lumière,
Baignant de dévotion son écho limpide,
Son poème fulgurant, le parfum coloré d'une immense
   azalée.

XII

Oser la dévotion quand grincent les crécelles;
Oser la douceur quand s'aigrissent le grotesque et le fat;
Oser prendre la parole comme on prend son envol.

Renoncer à jamais à parler de solitude.
L'illusion, trop facile, agace, ennuie; les maisons se
   transforment,
La porte est ouverte, les enfants sourient au soleil.

L'air tangible, l'odeur d'un bosquet de jasmin.
Amorcer la descente: marcher libère des misères de ce
   monde.
Les heures passent et s'ajustent les pierres.

Les pourceaux digèrent mal ces perles fausses qu'on
   leur donne;
Ils vomissent des éclisses, des éclats de calcin.
L'imposture s'apitoie sur elle-même.

La disparition du visage précède le regard lumineux;
La négation du contour permet d'en quitter le centre.
Le nuage et le sommet sont un; le réel s'y frôle, si faible.

La texture des illusions aveugle le toucher;
Entre le sens et l'objet, insinuer l'obsession,
De ses doigts faire frémir les ombrages bruyants des
    oracles mussifs.

Oser la dévotion quand grincent les crécelles;
Oser le mutisme, la joie silencieuse de l'éveil.
Vides, mes mains sont toujours vides; radieuse opulence
    devant Dieu.

XIII

Soumis à l'insondable repos. Ô liberté!
Épargnant de ces fièvres multiples, de ces jeux sans joie!
Parfume la myrrhe, et s'éloignent, confuses, les pistes
    moroses.

Enclose dans l'ammonite noire, cette spirale révèle une vie,
Une existence inimaginable. Si la forme est si pure,
Si elle est éternelle, qu'en est donc le contenu!

Encastrés dans un bout d'ossement, le soleil et la lune;
Le mouvement des saisons, la foudre et la pluie; ô fossiles!
Seriez-vous l'accès, la connaissance et l'éclipse?

Oh! vaine! vaine fut la pensée de la solitude!
Pour l'avoir mise en vers, l'avoir tournée, retournée en
    tout sens,
Comme elle fut vaine! comme elle fut erronée!

Le temple lui-même ignore toute solitude;
L'étroitesse du sentier permet de ne pas trébucher.
Mais voir, et ne connaître ni la négligence ni le zèle.

Ne connaître ni indifférence, ni commisération, ni pitié,
Mais la compassion. Éviter la froideur et l'exaltation,
Mais vivre heureux dans le partage de sa joie.

Soumis à l'insondable repos. L'amour dans la fatigue,
L'abandon du ressentiment, l'oubli de l'insulte,
Le rejet du mépris. La nuit, paisible; le silence, un
    appui.

XIV

Contempler ces neiges intouchées, y laisser ma vue
Dans l'éblouissement de ce qui dépasse l'entendement;
M'installer à jamais, serein, dans l'ultime vision.

Mais la route à refaire est bordée de mendiants,
De témoins impuissants et d'enfants aspirant à l'étude;
Leur faire face, descendre, et m'unir en passant à la
    silhouette du vent.

Ignorer le nom de ces plantes fleuries, de ces arbres,
De la composition du sol; ignorer l'heure et la date
À la veille du départ; vraiment! que l'esprit est creux!

Pour que la poésie soit expérience, qu'elle soit d'abord
    transformation.
Pour saisir la profondeur de l'élan,
Que le corps soit debout, droit, éveillé, consentant au
    départ.

Tout autour, la suffisance, déguisée en trajectoire rectiligne,
En itinéraire plan, étale, facile, et sans risque aucun.
Autour, tout autour, le sommeil opaque.

La vallée endormie dans son lit, dans sa cuvette.
Si petite, insignifiante et stérile. Il suffirait d'un seul mot,
Et le sable mouvant avalerait ce vivier.

Contempler ces neiges intouchées, y laisser ma vue,
Repu de l'axe du monde et du centre du temple.
Ô Témoin! éloigne de ce corps la torpeur de l'oubli et
    du gel!

XV

D'une chambre à une autre, apprendre à respirer;
Plus elles se dénudent, plus s'allège l'esprit.
La clarté se purifie, module d'une voix sans ornements.

Minuit viendra bientôt; les pas multiples, le parcours en
    repos,
Et la peau, séduite par l'étreinte du soleil, se détend.
Le corps s'achemine sans but vers des rêves obliques.

Ô le geste unitif d'un jour se prosternant devant l'Arbre vif
Sous les auspices limpides du ciel étoilé!
Viennent, farouches, la boucle de l'entente, la chute du
    soupir!

Et toujours l'ingratitude, et partout, la bêtise insipide.
Combien d'êtres indignes arpentent le monde,
Râlant, se donnant impudemment à l'ombre avare!

Le jugement salive à leur bouche tordue,
L'œil torve défigure leur aspect, leurs poings se crispent
Et fracassent des miroirs ternis!

Allant comme des bêtes vont l'amble, le pareil s'accouplant,
Humant l'air à la quête d'une proie, reproduisant des
    images léchées,
L'homme et la femme, le sang omniprésent sous l'ongle
    aiguisé.

D'une chambre à une autre, apprendre à respirer;
D'une autre descente, pouvoir faire le deuil,
Quand d'un visage maussade l'impuissance amère
    sillonne les traits.

XVI

La spirale dans sa course annulera le parcours.
De ce temps friable se fendront toutes les pierres,
Et des pierres s'effaceront les filigranes fins et fastes.

Dans l'air flottent le poivre et le sucre,
La pestilence de l'urine et des étrons; se démènent des
    singes pouilleux,
Et des mouches par milliers agacent des idoles figées.

Les marchands, nombreux, attisent la colère.
La vallée fourmille dans l'exaltation de l'ivresse;
Furieusement, l'outrage et le non-retour. Brunâtre, le
    ciel atterrit.

Oh! assurément! fermer les yeux serait si facile: ne pas
    monter les marches,
Rester au pays, prétendre connaître tous les livres,
Feuilleter les pages de la vie, puis la feindre.

Des automates, pigeons de l'errance, dorment derrière
    des lentilles,
Sur des écrans. Le mépris s'accumule, il est temps de partir,
De quitter les hauteurs du plateau et de longer le fleuve.

Et tournent les moulins à prières, et s'agitent les drapeaux.
Les détails, pêle-mêle, se bousculent; le front posé sur le sol,
Les pauvres, les déshérités s'humiliant, se recueillant.

La spirale dans sa course annulera son parcours.
Les ordures se mêleront à l'ébauche complexe des rites,
Des derniers sacrements de ce siècle.

XVII

Le vertige atteint celui qui descend; au virage,
L'œil s'accroche aux branchages amers du retour.
Il simule un repli, il assure un revers en sifflant.

Un pianiste joue le *Minuit! Chrétiens!* dans un café de
    Thamel.
Dehors il tonne, et le déclin s'attarde, rôde, passe,
Et repasse comme l'ombre d'un chien errant sur le pas
    de la porte.

Le cynisme à la rescousse quand surissent les mots.
Un pas sépare le sacrifice du sacrilège,
Un faux-pas suffit à l'augure pour faire crisser le gravier.

Et si l'ego triomphe, c'est qu'il se leurre.
Sanctifier les poètes est un acte de trop. Ô Juge!
Témoigne de l'erreur et de la loyauté! témoigne de ce
    chant!

Célébrer Ton Règne, Éternel et Amant, célébrer la Vie.
Avec respect, dignement, modérément.
Les œillères au feu, dire ce qu'il est souhaitable et
    permis de taire.

Imprégné du parcours, de la fusion de l'accueil,
Je reconnais Sa Présence. Et savoir, m'accepter tel,
Homme parmi tant d'autres hommes, pareil à tant
    d'autres hommes.

Seulement, le vertige atteint celui qui descend.
Le désir est constant, mais l'éloge est trompeur.
M'éloignant de l'étang, j'apprivoise la pente.

XVIII

Les âtres rougissent si peu, pour autant de famine.
Les affronts klaxonnent au frais, les fossés s'élargissent
Entre les déchets du pauvre et les barbelés du tricheur.

Le témoignage est minuscule; l'onguent, inefficace.
Admettre mon impuissance en me rongeant les ongles.
Le reproche est inutile quand il s'adresse aux poissons.

L'eau manquera. Déjà, dans la rivière noire,
Dans le mince filet d'eau coulant entre de larges rives
    fangeuses,
Le cadavre d'une truie déchiré par d'ignobles vautours.

Ce n'est pas vrai, dit-on, voici les pagodes: l'or brille et
    trône l'art.
Voici le brocart, l'argent finement ciselé; voici la taille
    des pierres précieuses,
Les fenêtres sculptées en queue de paon.

Les yeux fermés, c'est le purin qui les rouvre.
Le fracas des mensonges, le Tibet crucifié, les matraques
    valseuses:
Comment se pacifier, se réconcilier avec l'aube?

Nombreuses limites, mais la foi ne connaît ni fissures ni
    crevasses,
Mais l'inquiétude, mais le tourment. Les pièges renâclent,
Ravalent leurs glaviots. Rêver cette nuit à en perdre la vue.

Les âtres rougissent si peu, et servis,
La bouillie de lentilles et le riz; vacille le maigre repas,
Pâle flamme d'un cierge sous un vieux toit de chaume.

XIX

Quittant le sommet, l'ayant gravé en ma mémoire,
Et réclamant la parfaite obscurité
Pour en caresser les sillons, les détours et les traces.

Les chiens errants au pelage ulcéré se frottent la panse,
Se grattent aux saillies de la pierre. Certains n'ont plus
    de voix
Pour avoir trop aboyé. Certains meurent là.

Là ou mijotent les fièvres. Là, dans la nuit des chacals,
Dans le bec des charognards à l'abri ombreux des
    nations.
Les miens, les puissants, obèses ruminants, à l'ouest
    paissant.

Le temps ne peut durer, la broche est chauffée à blanc.
Oh! faiblesse! unanime et si contagieuse!
Héritière des horribles manies, le sang de tes veines te
    noiera!

Que s'approchent aux autels les épaules tombantes,
Elles en seront chassées. Que la chute est longue et
    précise,
Lorsque vue d'aussi haut, d'aussi près!

Les muselières sont rongées par les mites, et ricanent les
    chiens.
À profusion, sur de larges surfaces de pierre
Où s'enflamment des cadavres aux chevilles nouées.

Quittant le sommet, homme libre, le sommet en soi,
Les pieds agiles, et dans le brouillard les lèvres closes,
Et dans la nuit, près de la page, les mains adroites.

XX

Le temps de goûter le jasmin, d'apprécier le jardin;
À l'errant on a rendu la vue. Inondé de défis,
Je trouve grâce aux yeux de l'immonde.

Et pourtant, qu'ai-je fait dont je puisse me vanter?
J'ai traversé le couvre-feu sans regarder derrière;
L'incendie dans le ciel dévorait la montagne.

Ce que j'ai pris pour une étoile, un fanal: un feu de bois.
Les lumières de la ville, éteintes; le courant, coupé;
Fermées les boutiques. Que des aboiements, que des
    cris.

Partir encore, le départ est pour bientôt.
Le temps d'écrire un mot, un seul mot et la terre peut
    trembler.
Que d'existences livides, déconcertantes exuvies!

Les choix hâtifs, les masques à plat sur la table.
Les rumeurs chagrines, les désaccords de forçats,
Les funestes mouvements circulaires d'un gouffre évasé.

La circonférence du vide. Et la peur commune d'y plonger.
Le refus commun de s'asseoir à l'ombre d'un pipal,
À peler une orange, à sourire calmement aux passants.

Le temps de goûter le jasmin. De m'approprier les
    mystères de la nuit.
La tasse posée sur la surface en osier, ronde comme la
    lune.
Le savoir de l'étoile est perçant, j'ai quitté la maison.

XXI

Jeter un dernier coup d'œil à la ville, le regard neuf,
L'esprit neuf. La première fois est toujours l'unique fois,
Le geste seul, et si le ciel dérange, c'est qu'il se couvre.

Être venu là me convaincre de quoi,
Sinon me redire que l'espoir est fragile
Quand s'articulent le chaos, les murailles mobiles du laid.

Hors du cercle, rien n'atteint le veilleur, le vigile,
Dans l'attente d'un autre trajet,
D'une route dans la vallée qu'étreignent le soleil et le sable.

Ô Conciliateur! protège le parcours conduisant vers Toi!
À gauche, à droite, saluer humblement l'intouchable et
    le riche,
Les haillons et la soie de ces rives sèches.

Derrière moi les massifs qu'éblouit leur pureté.
Au cœur leur lumière, et si vivant, leur profond silence.
L'ombre des gorges rafraîchit les paupières.

Un jour est passé, une heure est bénie; l'éternel le
    consume
Et l'Union est parfaite. La mince lueur demeure
    mienne,
Un instant, à sa place, et sa place est unique.

Jeter un dernier coup d'œil à la ville, le regard neuf de
    l'ultime,
De l'accompli, du bien-être. Exulter dans la nouveauté
    sacrée
De ce qui m'enflamme d'amour, de ce qui m'appelle
    vers Lui.

> *NÉPAL (vallées de Katmandou et de Pokhara),*
> *du 10 au 27 avril 1992.*

CHANT DEUXIÈME

Le passage dans la vallée

Sur la route du désarroi je commence un voyage;
il me faut à ces lieux où l'épreuve l'assaille
arracher mon courage.

AFDAL OD-DĪN BADĪL KHĀQĀNĪ,
poète persan (mort en 1199)

I

Fermées, les douze portes de la ville; à l'intérieur,
Personne ne veut entendre le cri de l'otage,
On a posé ce piège sur ma route, et j'hésite.

En faire le tour? en répéter sept fois le nom?
Forger pour mon envol et pour ma voix le regard ciselé
Du Rouge Faucon porteur de message et de paix?

Oh silence! je t'en conjure! je t'implore de venir à mon
    secours!
Dans ma main sèche l'encre, le corps en feu,
L'ombre et la pierre pour unique soutien, l'heure lente.

Inerte la marche; les fruits des vergers massacrés par
    l'orage,
Les ponts effondrés, la folie dans les yeux, la terre
    ocreuse sous l'ongle.
Oh paysans! mon épaule est si faible!

Pour se rendre là-bas décrypter les mystères des sceaux,
Lire le relief de l'énigme, et le mutisme n'a pas de nom.
Éparses les images, et compacte la nuit.

Au sol gît le vent, cloué contre les socles et les stèles,
Parmi les herbes occultes de la raison. La foudre
    s'épuise;
L'affable captif ronge les liens l'unissant au désordre.

Fermées, les douze portes de la ville;
La formule: en faire une proie, en satisfaire l'empreinte.
Et lacéré, mon essor, stupéfait, quand la lumière se
    soulève.

II

La foudre a dépecé la nuit; la ville est un cloaque
    immense.
Il suffit de lever les yeux: des étoffes chatoyantes
    illuminent le ciel
Dans l'éclat du cuivre et du bronze.

Quelques-unes sont voilées; ce sont peut-être les plus belles.
Aux chevilles carillonne l'argent des clochettes,
Aux poignets s'accumulent de minces anneaux d'or et
    des bois précieux.

Le ciel menace par-dessus le dédale de venelles et d'allées.
La fraîcheur de l'air témoigne de l'orage. Prétendre fuir
    le siècle.
M'égarer. La braise et la cendre vont, main dans la main.

Le soleil est venu saluer au balcon, c'est le prince et sa cour.
La foule s'entasse, indifférente, sous les multiples auvents,
Et les artisans gravent des sentences dans le marbre.

Goûter le thé rose parfumé de crème, de pistaches et
    d'amandes;
Les glaces à la mangue arrosées d'eau de rose;
Le raffinement perpétue mon humeur, ma foi en la vie.

Devant, l'abricotier, le pêcher, le poirier en fleurs,
L'ardeur du printemps déployée dans les champs du
    nord-ouest,
Loin de la grêle et des vents destructeurs.

La foudre a dépecé la nuit; que le poids des paupières,
    que la pupille sèche.
La ville s'est remise à rugir, qu'importe,
L'errant lui tourne le dos, timide, prend la parole.

III

Le geste tranche l'air, l'œil fixe, la foule acclame la sentence,
Le bras levé vers le ciel.
Le qawwāl peine, au bout de l'effort ascendant trouve,
   exact, le Son.

La dévotion est un acte tangible; un moujahīdīn,
   chaleureusement,
Me prend la main, un banni veut que j'embrasse l'islam.
Je lui promets d'effleurer les versets du Qur'ān.

L'attrait de l'étrange exilé me confond, je me soumets à
   l'unique Splendeur,
Et répète trois fois les sept mots: *Lā ilāha illa'Llāh,
   Mohammed rasūlu'Llāh.*
Le cœur migrant, nous nous abreuvons de cette *Lumière
   sur lumière!*

Et le rythme s'infiltre dans les crevasses de la paume,
Près de l'œil et comme un souffle sur la nuque:
L'ardeur fera de lui un martyr, une mosaïque de poèmes
   éternels.

Le croissant dans le ciel est parfait, il s'impose en ce lieu.
Avancer, chargé de mon sac, pardonné,
La fatigue lacérant mes talons; quelqu'un m'ouvre la
   porte.

Qu'il soit de paille, de caissons richement sculptés,
Le toit au-dessus de la tête est une bénédiction.
Étendre la couverture, respirer la fraîche brise du ghazal.

Le geste tranche l'air, l'œil fixé sur le jour qui prend fin;
Rendre grâces pour le parcours à l'écart du danger,
Pour le sommeil paisible qui me borde en chantant.

IV

Des armes. Nous nous sommes faufilés dans le col de
   Khyber,
Le fusil sur l'épaule. Au loin, la rivière Kaboul,
Les forts kaki aux tours percées de meurtrières.

Les rochers sont tombés là, s'élèvent de là pour que le ciel,
Perché dessus, se penche, et dans une ultime étreinte,
S'épanche dans le parfum des roses blanches.

La kalachnikov entre les mains, quatre fois j'atteins la cible.
Mon entourage s'étonne, me tape sur l'épaule, m'adopte,
Moi, l'étranger sans escorte officielle en ces terres tribales.

Je vivrais sur ces hauteurs, à défendre le vallon,
La route parsemée d'embuscades, la frontière afghane
   sous la main.
J'aurais un autre âge, un autre nom, le même visage.

Avec les hommes, les brutes, jouant le danger.
La mort serait notre but, celle de l'autre surtout, valsant
   contre le vent,
Inexpugnable, valsant jusqu'au creux béant d'une gorge.

Toutes les forces bandées s'entrechoquent, l'aventure en
   rafales
Fait ricochet contre les pierres bosselées d'abus,
La violence entre les dents comme un fil, grésillante
   comme une torche.

Des armes. D'autres armes. Cette kalachnikov, dans mes
   mains,
Son cran de mire est ajusté à la mesure de l'homme.
L'écho résonne dans mon oreille, l'écho retentit par
   toute la vallée.

V

La route s'efface par moments, réduite aux chutes de
    pierres,
Aux éboulements, aux crevasses dans le roc.
Glacées, des sources jaillissent, l'aspergent d'en haut.

S'ouvrent les montagnes, au détour, la voie s'élargit.
La lumière se livre d'elle-même au regard,
Et les nuages se mirent dans la neige des sommets escarpés.

Pour Te contempler sans espoir de retour, sans autre
    désir
Que celui d'oublier ce qui n'est pas le reflet de Ta présence,
Et pour Te suivre par-delà Ta beauté, apprends-moi à
    marcher.

Que me soient révélées les manœuvres du labeur,
Que me soient enseignés l'avancement résigné,
La démarche de celui qui ne craint ni la mort, ni le
    doute, ni l'effroi.

À chaque effort, un col est franchi; à chaque soupir,
La fatigue est vaincue. J'écarte gentiment l'effronterie
    des mollahs,
Le sarcasme farouche des sots.

Ma prière dévoile sa musique et son chant à Ton signe,
Dans un lieu uniquement accessible aux poètes et aux
    humbles.
Croit-on encore aux mystères du jardin?

La route s'efface par moments, dans ses propres limites,
Soumise aux secousses massives qui l'ébranlent.
Les fleurs sauvages, seules, infimes, survivent à
    l'écroulement.

VI

Le temps s'est dissous; inspirés, nous avons conçu le sablier,
Le cadran et les cycles. Creusées dans la pierre, les
    images de l'ibis,
Du léopard, de l'antilope, les images migrantes
    s'éloignent de nous.

Dans la forme précise des pierres, des pétroglyphes, des
    effigies,
Et même dans celle du Livre, dans la parole germe une
    ardente certitude,
Quand le cœur consent à l'écoute.

Suis-je coupable de prêter attention au chant des
    oiseaux?
De voir dans un arbre mûrir les fruits quand frémissent
    les feuilles?
De respirer l'odeur des cyprès et des pins?

J'ai ralenti mon existence dans le but d'admirer les
    étoiles et la lune.
Mon crime est infect. Je me réjouis de mon appartenance
À l'infiniment beau, à la Création.

Ô Toi, l'Origine! me fallût-il redescendre les rives à
    genoux,
Meurtrir mon corps contre les parois rugueuses des
    ravins,
Des rochers hérissés, sans hésiter je reprendrais la route.

Pour autant de frissons, connaître le calme,
Et pour autant de sourires, me prévaloir de mon droit
    d'être heureux,
Fort d'un appui pour ma tête, le sacre du repos.

Le temps s'est dissous; au plus fort de l'Union,
Le jour et la nuit s'émerveillent tendrement: c'est encore
La première fois, le premier assouvissement, le tout
   premier silence.

VII

Vivre ma liberté, évoquer des songes et créer le contact:
Calme et rapide, l'instant que dure le plein midi.
Notre intimité se répand, éternelle, dans le jardin de roses.

Le soleil entretient sa propre vision, l'eau passe;
De grands hélianthes tournoient sur leur tige,
Rien ne dure qui ne soit supprimé, seuls restent les
   signes et les traces.

Ignorer la valeur du symbole, c'est ne pas savoir lire.
Découvrir les strates du mot, le calcaire et l'argile,
La stature transparente du mouvement vers le centre.

Ô Silence! lanterne absolue! incite mon regard à
   transfigurer le palpable,
Le provisoire aspect du monde, et sois ma terre,
Mon pays, sois l'unique pôle de mon errance pensive.

De l'intention jusqu'à l'œuvre, parfaire ma conscience
Du monde habitable. En moi s'achemine l'Appel,
Dans le vaste silence du désert éperdu quand la nuit me
   possède.

Les cyprès se balancent, oscillent dans le vent; mon
   repos est complet.
À convoiter le vol de l'oiseau, à déchiffrer les parfums
   sucrés de l'air,
J'accueille le prolongement de l'Union.

Vivre ma liberté, si parfaite et si pure: l'horizon
    perpétue l'origine du geste,
La sublime et l'étreint dans son trouble.
Me pencher, saluer l'harmonie sur les rives du fleuve.

VIII

Omniprésentes les frontières, j'écris mon nom dans les
    registres,
Des mains me tâtent et me fouillent, m'indiquent la voie.
Les lois sont tracées, amovibles, éphémères, suspectes.

On m'accorde le droit de passage, de cité. Ce monde ne
    m'appartient-il pas?
La permission d'y errer est soumise aux principes de
    l'Ordre,
Et je signe d'innombrables feuillets.

L'emprise est extrême: cette large main,
Lourde et charnue, sur mon épaule,
Et la brûlure sur la cuisse engourdie, la promesse de ne
    rien dire.

La mâchoire est serrée, l'os anguleux soulève la peau
    basanée;
Le désir s'insinue, l'eau coule de la source,
Et des yeux j'en suivrai les méandres striant la falaise.

Finalement, autrement, me résoudre à copier les gestes
    des jambes,
Des bras et des lèvres. Plaire à celui qui m'ouvre la
    porte,
Puis, seul dans la chambre, rêver.

Le songe converge vers l'encolure étalée au soleil;
Le sol est couvert d'une forêt de pins;
Oh! m'égarer dans l'ombre que sèment les parfums
fauves des résines!

Omniprésentes, les frontières brusquement me
réveillent.
J'énumère mes déplacements, las, ennuyé.
Comment expliquer que l'intention, jamais, ne sera de
ce monde?

IX

Le livre s'écrit tout seul: c'est la caresse imaginaire,
Le temps passé à trier ses idées. Exclu du cortège des
fourmis,
Le poète, libre, se prélasse à l'ombre du pommier.

Les guêpes maçonnes, ces impériales, cherchent un
endroit
Où bâtir leur nid. L'occupation se transmet; la
contagion, inévitable.
L'arrogance de l'histoire me dégoûte.

J'entends meugler le bétail: l'après-midi s'achève.
Marco Polo a laissé son nom aux chèvres d'ici. À peine éclos,
L'insecte sort du sol, s'élève, s'envole; un moineau
l'attrape.

Le haschisch croît partout: dans les fossés, dans la cour
de l'école,
À l'ombre des gares. Les hommes aux dents brunes
mastiquent des résines;
Leurs grands yeux ont le flou de la vitre.

Je regarde la vie, et ma place me convient.
J'écarte de la main l'obsession de l'ivresse:
Je ne suis pas esclave d'un plant de chanvre, d'une
    bouffée de fumée.

L'illusion s'installe, amère et menteuse, perverse,
Avec son ignoble esprit d'occupante; je demande
Que me soit rendue la raison. Ma volonté, vaincue,
    m'affranchit.

Le livre s'écrit tout seul: rien n'en altère le sens,
Rien, ni substance toxique, ni extase, ni folie.
Homme libre, je choisis où et quand se posera mon regard.

X

Je peux changer le monde: je change ma vision du
    monde.
Aimer sur commande est impossible; je consens à aimer.
Je consens à dépouiller les vocables au-delà des concepts.

Accomplie, la nature dans ses multiples éploiements
    soumet la matière,
Étale, en réfléchit les images. Le règne minéral se
    pourfend,
L'eau crève les surfaces avant de disparaître.

Que tout cela s'efface, tant pis, je me décroche de la beauté;
Si toute chose a une fin, dans la probabilité des secousses,
C'est qu'elle l'a méritée. L'inévitable, tôt, s'affirme.

Résister, quand est signé le décret? Ce que nous avons fait,
Ce qui dort sous le sable des déserts, exposé au grand jour,
S'effrite, s'érode, puis s'essouffle, se défait.

La musculature de la terre, vue d'ici, présente ses tares,
Ses plaies, ses futiles barrières de métal.
Notre insistance est bien vaine, nous recrachons des
   écailles crues.

Les canicules se donneront rendez-vous sur notre peau,
Les tatouages violacés raconteront notre histoire.
Nous percerons les écrans, et traîtres, nous nous
   pointerons du doigt.

Nous pouvons changer le monde: nous réconciliant avec
   le monde.
Mais qui veut croire un instant au désamorçage de l'échec?
Nous vivons autre chose que la vie.

XI

Le pollen se promène, soulevé par la brise. Tout est si
   calme,
Jusqu'aux flots des rapides se brisant sur les roches.
La nature en ce lieu prend l'allure d'une offrande.

Ô Vigilant! que l'éveil soit durable, transparent, éclairé!
Que tout langage saisisse l'éclair du prodige, de l'inconnu,
De l'indicible ascension du poème!

Implorer pour l'intuition une fraîcheur impérissable,
La consolation dans l'accomplissement de son acte,
Le bonheur de s'être approché de la Source du Chant.

D'atteindre à de nouvelles certitudes, des accès se précisent:
Serait-ce le centre du discours, là où l'arcane du secret
   se dévoile?
Se recueillir, se fondre dans l'instant de l'Union.

Et que m'accompagne sans cesse l'Archange de la sincérité,
Mon amour pour le monde. Que j'apprenne à dérouter
    la bêtise,
Le cynisme, à espacer les mouvements du recul.

À Dieu vat! que s'ajuste ma voix au silence de l'Appel!
Là où s'accomplit l'espoir que le bruit s'effacera de
    toute vie,
Là où s'annule dans le vide l'écran du chaos.

Le pollen se promène, et la vie se répand. Un souffle
    l'anime,
Un souffle si vaste et pourtant si subtil. Tout est paisible.
Rien ne dérange la lumière, l'aliment de l'âme.

XII

Me rabattre, longer l'ubac et l'adret,
Subir d'autres dangers, inabrité, d'autres épreuves,
Le corps cloué, affalé par le sommeil, la fatigue, la faim.

La patience est friable; devoir boucler l'étape,
Devoir renoncer aux circuits quotidiens;
La désolation incommensurable du monde étourdit sans
    façon.

Vulnérable, je me dresse devant vous,
Tribunal du raisonnement appliqué. La tâche est sujette
    à caution,
Quand l'azur interrompt la splendeur profane du désir.

Le cuir de la paume est tendu dans sa main; le toucher
    s'y concentre,
Et s'embrase l'instant musqué que dure la poigne.
Le creux de l'épaule est moelleux comme un songe.

Ô prosternation! va-et-vient du sommeil, abandon de
    l'étreinte!
La douleur affective écarte de l'issue,
L'accrétion du feu nous sépare à jamais l'un de l'autre.

Le roulement séducteur des consonnes sur sa langue,
L'attribut du maintien séculaire: puis-je éviter ces écueils
Que je sème par gourmandise et par jeu?

Me rabattre, agitato, en reniant les passions.
Les pêches alourdissent la branche de l'arbre.
Sur un fil de fer mes membres se disjoignent, je me
    tourne le dos.

XIII

Le vent prend son erre, il saccage sa geôle.
La nature porte un voile de poussière, le deuil est certain.
Le visage du massif incarne le sceau, l'abrasion des
    formes passives.

Sa figure, ceinte par le jardin de roses, rayonnante
    d'ardeur,
De fougue, le maintien sensuel de son axe:
Où je pose la tête, ses genoux m'encadrent et me figent.

Fragile passage au seuil de la chute, ô mon salut!
Je résiste au souhait d'aviver le brasier. La terre peut
    trembler,
Je m'accroche à l'icône quand m'écrase l'insomnie.

Le coq a chanté. Le jour est venu m'enlacer au carrefour.
La semence est tombée sur sa cuisse, grain de blé,
Dans le sable, sur le sel, sous le soufre des dunes.

Cette pierre est trop lourde, elle m'écrase le cœur.
Qu'il s'écarte de ma route à la veille du départ!
Qu'il me ferme sa porte au milieu du tumulte des flots!

N'était-ce qu'un mirage, la saveur musclée de son cou?
La couleur adulaire des cheveux, l'étendue massive de
    ses mains?
Afflouées, mes pensées en désordre se dévêtent à sa vue.

Suave le vent, le vent prend son erre; je l'habite en tous
    points,
Et nous accompagnent la foudre et la pluie.
Nous embrasserons la vallée dans ses moindres replis.

XIV

Le sens du mot s'éparpille dans la cendre;
L'attente s'enflamme dans l'âtre. La texture se sépare du
    motif,
Et sans trop de peine, la nuit s'apprête à tomber.

La lumière déclinante rase des falaises nues; c'est la
    désolation.
Les oiseaux se sont tus. À m'adjoindre sa voix, son rappel,
Et le noir descendu sur ses hanches, l'heure file.

La nuit tombe; alignés sur les rives sableuses de l'Indus,
Les hommes prosternés pour l'oraison, pour le maghreb.
La foudre déchire le ciel noir de l'ouest.

Dans ce même ciel, l'éclair et la pleine lune. Plus tard,
    plus loin,
À l'écart, d'où je suis observé, le va-et-vient haletant
    d'une main
Dans le pantalon bouffant. Je ferme les yeux.

La fatigue s'abat, m'abat. Dignement, j'ignore l'abus,
Je me livre corps et âme à la seule intimité possible,
En priant, en épuisant ce qu'il me reste de forces.

La nuit est chaude et lourde, les rues, désertes.
Des hommes intoxiqués me refusent l'hospitalité,
Je cherche un lieu où reprendre vie; on m'offre une
    fournaise.

Le sens du mot s'éparpille dans la cendre; quel jour que
    celui où j'arrive,
Défait, éteint, sans autre ressource que si peu de courage,
Que cette mince lueur qui m'abreuve?

XV

Dans le Sindh, malgré la haine omniprésente, le crime
    itératif,
Lever haut la tête et proclamer l'honneur sans fin.
La lune se lève à l'appel du muezzin, nue, sans fard.

J'obéis aux couleurs du temps: l'or et la pourpre
    ceignent l'horizon,
Se faufilent entre les tuiles du mausolée,
Contre le jaune et l'incomparable bleu moghol.

Un homme se prosterne sur un mince tapis
Dans la furie des klaxons, des cliquetis de la rue.
Les motifs s'entremêlent aux textures des façades, à
    l'odeur des égouts.

S'il fallait feindre l'indifférence, la démarche de l'âne
    serait mienne.
Je loge un espoir indéfini,
Un départ à l'inépuisable gestation. Une ébauche.

Dans la foulée des choses visibles, retrouver la lumière,
Me l'approprier. Laver souvent mes mains, saluer le
　　soleil
Et rompre les masques inutiles.

Si répandue, l'affliction, si incendiaire, le chaos,
Ne pas l'écrire me tord l'échine. Les obstacles sont là,
J'identifie le risque pour mieux l'encercler. Je veille.

Malgré la haine, nous avançons,
Nous tenons tête à l'insidieux regard du monde qui
　　s'abat sur nous.
J'affranchis mes complices, je crève l'œil torve des
　　borgnes.

XVI

Ma voix a changé: j'en suis sûr, ma voix me fait peur.
La poussière l'a rendue rauque et grave, elle a perdu son
　　iridescence.
Plus rien ne la supporte, le vent me l'a ravie.

J'écoute le chanteur de qawwāli: tant mieux si ma voix
　　s'est perdue
Dans la sienne. La parole me suffit, comme elle se
　　donne à la musique.
Le rythme, action de grâces, à son acmé le rythme s'altère.

La maigreur du corps intimide le reflet du miroir,
De l'avoir soumis aux extrêmes, aux abus, aux efforts.
La fatigue l'a trop souvent marqué de ses fers.

Déjà. Livré à l'abrasion. Strie. Il ne lui manque plus que
    les stigmates
Et le contour des continents. Les récifs.
Le refus de se donner, le refus d'être nu. Les fosses
    profondes.

Et si je dis que c'est faux, qu'en ces os rachitiques
Les routes vaincues du désir, de la peur, de l'ennui,
    s'enfoncent?
Si je dis que ces angles saillants sont le signe du ressac?

Elle s'est assouplie, la forme des lèvres; j'ai choisi une
    autre attitude.
J'ai choisi le rêve et l'écoute, le respect de l'harmonie
    redoutable
Du visage qui passe; qui repasse près du lit.

Ma voix a changé. Le voile dont elle s'est recouverte,
Ô Dieu Très-Grand! fais-en le brocart étoilé des certitudes,
La fine soie du ghazal, et non pas la lourde toile du doute.

XVII

Ô Firdousī, mon frère, mon ami, je te prends ce vers:
Si tu te veux le cœur content, cherche la paix.
Vers le nord s'étend une route longeant un vieux fleuve.

Oh! ne désirer qu'une chose: me fondre entièrement
Dans la texture de vos voix, ô chanteurs de qawwāli!
Afin d'oublier tout autre lieu qui ne me soit réel.

La musique recèle le ferment de la paix: cet amour en moi
Que je ne peux retenir, cette envie légitime
De quitter ce monde pour habiter le Son éternel.

Ô la vie sertie d'harmonieux ornements!
La vie recommence avec l'incantation! la gratitude:
    authentique,
Et la joie sans égale! Après la pluie, arpenter le jardin!

Ma colère passe; bien inutile, cet investissement de soi;
Tellement vain, ce miroir offert au prochain.
Mon geste achoppe contre l'air, se fane.

Bientôt, changer de lit. Me nourrir simplement de
    nouveaux aliments.
Découvrir d'autres peuples. Me livrer à la quiétude de
    l'aube
Sur les rives du fleuve. Suspendre la harpe.

Saadī, ô mon ami, mon frère, je te prends ce vers:
Ô mon cœur, ne t'afflige pas, car ce séjour est passager.
À mon chevet le veilleur, l'Archange, le poète.

XVIII

Rien ne peut justifier la haine, les paroles incisives des
    dogmes.
Quel subterfuge, la race, un piège redoutable, terrifiant,
    si puissant!
Que vienne l'éveil! Que vienne le rejet du propos acéphale!

Que vienne l'évidence indéniable! Nous sommes libres,
Et notre liberté n'a de sens que si elle est reconnue:
S'enchaîne l'esprit cultivant la vengeance.

Nous prêtons l'oreille aux propos d'une vieille épouvante.
Nous sommes défaits, nous rampons,
Nous traînons derrière nous des lambeaux de lépreux.

Loucher est de mise. En silence, j'observe les borgnes:
L'insidieux regard du monde surgit de tous côtés,
S'accroche autour des places, entortille le cœur des amis.

Je voudrais soupirer, conclure à l'ignorance, hausser les
    épaules,
Dire: si nous savions. Mais nous savons déjà,
Nous refusons de l'admettre, je suis las d'insister.

Mais si je me tais, au risque de me répéter dans mon
    entêtement,
Si j'efface par mon silence ce que d'autres ont dit avant moi,
Si je cesse de brasser de l'encre, de salir mon linge? Si
    j'abdique?

Rien ne peut justifier la haine; ces mots sont les miens.
Je réclame pour cette audace la torture, le bûcher,
Le sarcasme et la prunelle ricaneuse des sots.

XIX

Au hasard, ouvrir le Qur'ān, m'y engloutir.
La parole est refuge, elle permet le repos.
Aspirer à l'entendement de ce qui confond, de ce qui
    transperce.

Soustraire du corps la couleur de la peau et la forme des
    yeux;
Le visage voilé par la paume des mains,
Les genoux posés sur le sol, l'âme, le corps devenus le Son.

De cette union sans limites, laisser psalmodier le vent,
Lui permettre de quitter l'océan pour la chambre où il
    danse,
Où le marbre s'empresse, limpide, de rafraîchir son élan.

Chanter, se soumettre au Chant, à l'écoute de l'Appel,
À contempler sa propre présence au cœur du mausolée,
Là où rien ne sépare les âmes, où scintille l'Unique.

Puis se lever, s'apercevoir que disparaît la nature du corps
Et que s'énonce l'Union. *Yā Rasūl'Allāh!* La Paix soit sur
    lui!
Que ne sommes-nous pas toujours fidèles à ton esprit!

La dévotion sur le visage d'un homme, et dans chacun
    de ses traits,
L'effort, la fatigue et les soucis de toute son existence.
Que la paix soit en lui, toujours, et sur le monde, la paix.

Au hasard, ouvrir le Qur'ān: à chaque verset se trouve
    un aveu,
Chaque verset rapproche d'Allāh, sinon du cœur même
    de l'homme,
Calqué sur le cœur même de l'énigme. Tourner une page.

XX

Mon sang est froid; j'assiste encore à la cacophonie des
    préjugés,
J'en suis la cible. Je refuse le rang des victimes.
Inoffensif le crachat, là, tombé tout juste devant moi.

Il m'est facile de bâtir le courage: je lève la tête,
Me dirige là où réside l'immortel reflet de l'impérissable,
    du calme.
Mais l'acescence en moi fait son œuvre.

Quelle présomption que la pensée de perdre la vie!
Personne ne peut prendre à Dieu ce qui n'appartient
    qu'à Dieu.
Et si l'on veut trouer ce corps, l'argile le reprendra.

Aucun lieu où aller, les rues sont désertes.
Dans les mosquées, on rend grâces au Très-Grand:
    Kaboul est *libre*.
Les versets du Livre flottent au vent comme des étendards.

Mon visage s'est fermé de nouveau, le masque est rigide.
Intransigeant le regard, la parole économe.
Parvenir à l'éclosion, près d'un fleuve bordé de
    montagnes fêlées.

Je partirai, encore, chassé par d'autres fusils. L'accès au
    Lieu,
Le Sindh m'a été interdit. Mais je jure de m'y rendre un
    jour,
D'atteindre à l'essence du Lieu, pour y laisser ma trace.

Mon sang est froid. J'assiste à la cacophonie des préjugés,
Du refus, de la dénégation. La rancune est manifeste
Et la chair a menti. Je passe parmi vous, au-devant de vous.

XXI

Boueuse méduse, le fleuve, échevelé, s'échoue près de
    l'océan,
Dans le sable se déchire, s'arrachant de son passage dans
    la vallée.
Le soleil est chétif et chauve.

Les regards sont hostiles, et règne le mépris.
L'étranger s'avance, questionne; la réponse est précise:
    retourne vers le nord,
Vers la source du fleuve, ou pars vers l'ouest, vers la
    Perse.

Le muezzin appelle à la prière. Sur ma langue, le miel et
    l'amande.
Le bazar étale ses richesses;
Un enfant maladroit joue la comédie du mendiant.

Un autre s'approche, me barre la route, la flûte sur le dos.
Le panier s'ouvre: luisent au soleil,
Grouillent les reflets argentés, le métal de la peau du
    serpent.

Les voix modulent; des hommes sont assis sur des seuils,
Armés jusqu'aux dents. L'or et l'argent dans les vitrines,
La fumée odorante des chairs grillées.

On se détourne à ma vue; je passe ma route
Sans chercher l'amitié. Je ne crains rien.
Ni les gestes brusques, ni les armes, ni la mort.

Boueuse méduse, le fleuve, échevelé, s'échoue;
C'est là que tombe l'Indus, parti du Tibet et témoin
    dans sa course
De tant d'injustices et de cris. Son eau est trouble; je pars.

PAKISTAN (Lahore, Peshawar, col de Khyber,
Gilgit, Rawalpindi, Karachi),
du 29 avril au 19 mai 1992.

INTERVALLE

Le mausolée du poète

*Arrive-t-il que le faible obtienne la main de
   la puissance,*
il se lève et il tord la main des faibles.

MOSLEH-OD-DĪN SAADĪ,
poète persan (mort en 1292)

1

L'oasis est posée sur le sable, un tapis sur le marbre,
Un rêve dans la nuit. La ligne bleutée des cyprès,
Des pins parasols, invite au repos, au silence mérités.

La faïence émaillée émerveille le passant;
Le seuil de la porte, un éventail de plumes de paon.
Les fenêtres ont la forme des feuilles de l'*arbre de Judas*.

Le mausolée du poète est bordé de gueules-de-loup, de
    chrysanthèmes
Et de pavots; un magnolia jette une ombre dans un coin.
Enivrante, l'odeur du jasmin force à s'asseoir.

Le cadre est somptueux, mais les pieds à plat sur le sol
    sont las,
Et la fatigue monte et ronge les jambes;
Le tronc se crispe, courbaturé, au creux du lit.

L'amertume, comme une douleur derrière les yeux,
Fixe et précise, insistante, et la tentation de sauter des
    étapes,
La volonté de renoncer à l'écriture, la route nue.

Sauvage l'épreuve, les faims jamais rassasiées,
Les malentendus, les bourrasques du vent
Dans le désert de rocailles, parmi les herbes lourdes
    d'épines.

L'oasis est posée sur le sable, un repas sur la table,
Une ombre en plein midi. Je soulève un fardeau,
Ma soif est sans fond. Mes efforts d'eux-mêmes
    s'annulent.

II

Et si les contraintes étaient vaines, si, au tournant,
La scène était soumise au sabotage, à la mutinerie,
Si, au bout de la piste, une odeur de charogne
    m'attendait?

Les contrastes étourdissent; comment ne pas croire au
    mirage,
À l'oasis aperçue quand plus rien ne l'annonce?
Le doute s'estompe, je repars à zéro, inconnu.

La poire et le miel, la pistache et l'amande ont apaisé
    mon corps,
L'eau fraîche le ranime peu à peu.
Et soudain, ô contradictions! je sais bien que ce désordre
    ne durera pas.

À chaque lieu, je me découvre un autre homme.
Le conflit, illusoire. J'ai mis le feu à de vieilles idées.
Il règne toujours, l'empyreume, à Persépolis.

Au milieu de ces ruines se dessine mon visage,
S'exécutent d'autres angles, d'autres ombres,
Et cet œil multiple me rassure, me promet une alliance.

Ô Rassembleur! ma voix balayée par les vents, par les
    bruits,
Par les écritures coufiques, l'aurais-je perdue
Pour ne plus m'instruire de Ta Présence essentielle?

Et si les contraintes étaient vaines, si je me trompais de
    moyens,
Serais-je encore debout, éveillé, au moment de l'Appel?
Le jasmin m'intoxique; l'allée, sans fin.

L'ennui m'a quitté, mon pas est allègre dans la nuit,
La fraîcheur de l'air a posé ses lèvres sur mes tempes.
Je revois le désert, piqué de ronces et de saillies.

Ce qui m'entoure m'importe peu; des lois iniques
    s'écrouleront,
Ébréchées comme les roches érodées par un vent arrogant.
La nature du monde se réclame des cycles.

Que je marche, que j'avance, j'oublie de mesurer les
    distances,
De peser les balises et je saute un repas.
La vie est rugueuse, l'oasis m'accueille et son art est persan.

Mais j'oublie, hélas! et je ne dois pas oublier. Irrésistible!
Ne serait-ce de la chute qui me guette, du vacarme
    frustrant,
Des détails du parcours, ô mon Irrésistible! je Te serais
    fidèle!

Tout concourt à m'éloigner des splendeurs véritables,
Des attributs d'un amour purifiant, purifié, et sans faille.
Les épreuves m'épuisent, mais je lève la tête.

Au milieu du voyage s'approche le salut,
L'estompage des frontières; les yeux tournés vers l'ouest,
Je rassemble mes forces pour ne pas me trahir.

À Chāh Tcherāgh où m'a conduit l'ami, l'ennui m'a
    quitté;
Le soleil perce comme une talle de coquelicots, nous,
    nous étincelons.
Les poètes sous le marbre m'ont déjà devancé sur les
    routes de l'Orient.

IV

Non pas que l'on me juge, mais comment ne pas juger?
Je ne vois que des yeux sombres, vêtus d'un pan de la
  nuit.
Ternes, mornes, des étoffes subtilisent l'ardeur des
  corps.

L'illusion: un sucre a masqué l'amertume du thé.
Je n'ai que la paume des mains pour unique lecture,
  unique trajet.
Le sens du départ est vague, dune, palme, source
  multiple.

J'ai vu l'Arbre de Vie recouvert d'un dôme aux allures
  grandioses,
Turquoise posée dans la texture ocreuse du minerai,
Entourée de volutes et de fleurs stylisées.

Élégantes les courbes, les arabesques vertes, bleues,
Serties de noir. À bordure de jaspe, le bassin aux
  ablutions est à sec;
L'oasis est voûtée d'alvéoles bleu outremer.

On martèle le cuivre, sous les stalactites d'un porche
  miroitant.
Sous nos pas la géométrie des motifs floraux,
Les étoiles imbriquées d'où s'élèvent des faisceaux de
  colonnes.

Tant d'ingéniosité pour construire un écho, tant
  d'adresse
Pour saisir la lumière. Mais le jour de ce lieu a déjà pris
  la fuite.
Le son s'est éteint comme a terni le bronze.

Non pas que l'on me juge, mais comment ne pas juger?
Je suis fidèle aux façades polychromes,
À la tonalité dominante du bleu clair, à l'ombrage des
  platanes et des ifs.

V

Au jardin des oranges sanguines, l'air songeur, un
  enfant,
Sous une demi-coupole, s'arrête, contemple une géode
  limpide
Aux crystaux émaillés. Luminifère, il perd l'équilibre.

Le visage du vent s'est pris dans les branches d'un cèdre
  du Liban.
L'ombrage est tombé sur le sol comme se pose la
  chouette.
Je célèbre l'envol, ma bouche est terreuse.

Si différents les uns des autres, pour le même sommeil,
La même fatigue, les yeux rougis et le cambouis sous les
  ongles,
Les épaules mille fois meurtries par de brusques secousses.

Nous voilà révélés l'un à l'autre, n'offrant aux regards
  du soleil
Que la peau du visage et des mains, que le sombre étalage
  des vêtements,
Que l'infime étincelle qui nous loge.

Et tenace, ne plus arriver à se plaindre, mais se pencher,
Et patiemment, libérer sa chaussure du caillou, de
  l'épine et du sable.
C'est à genoux que s'élève le songe, l'oasis.

Que s'enracine l'intuition sans autre intention que de
  glisser
Sur le marbre poli, et que s'enluminent les marges ouvertes
Des grands manuscrits de la Révélation.

Au jardin des oranges sanguines, le son s'amortit
Dans le crépissage des niches, à peine un murmure,
À peine chuchoté tant urgentes l'œillade et l'étreinte
  des lèvres.

VI

Que c'est grand, la mélancolie! un pan de plâtre écaillé;
Un escalier majestueux recouvert d'un tapis, flanqué de
  slogans;
Des chinoiseries; un mobilier baroque patiné.

Des herbes mauvaises envahissent le jardin,
Des armes encombrent le pavillon du chāh.
Un bosquet de jasmin se dresse au milieu des orties.

Les apparences changent, les mensonges restent;
Des vies humaines sont la pâture de la peur; qu'avons-
  nous fait, nous,
Pour mériter ce qu'un parterre offre à la vue?

Ô Favorable! ai-je abusé de ma liberté pour m'écarter
  ainsi de la voie,
Pour me croire éloigné de tout, l'échine courbée,
Séparé d'un bonheur ancien laissé loin derrière moi?

Être ici, l'esprit ailleurs; là, l'épreuve du quotidien, là-bas,
Le désir, le souhait d'entendre des sons harmonieux,
D'échanger des propos, des livres et des lettres.

J'empoigne les aspects du monde, je cherche les signes,
Les traces de l'inexprimable, l'oasis où le cœur aboutit.
Que me soit rendue la clarté de l'élan quand tombe le
    vent!

Que c'est grand, la mélancolie! un tapis incrusté de
    poussières;
Une large façade ouvrée, décrépie; une douce faiblesse;
Un avenir, une pensée dont on ne peut s'écarter.

VII

La mémoire insultée, démolie, lapidée, bombardée.
Nous nous empressons d'oublier la bêtise des autres,
Leur sottise germe en nous que d'autres dénonceront,
    fustigeront.

Ô Liberté! pour apprécier ta beauté j'ai dû plier et me
    taire,
Baisser le front et toucher la laideur du bout des cils de
    mes yeux.
Camélias et jacinthes, vous, couleurs! apaisez-moi!

L'errance en ce lieu n'est possible que par le sourire
    d'un hôte,
L'effacement d'une hôtesse. Tout présage un échec.
Le jardin participe à l'oubli, au tourment, à l'affront.

Comment ne pas suffoquer, si ce n'est en contemplant
    les lupins,
Les lauriers, les fontaines, la lumière fragile
Filtrée par des baies à claires-voies émaillées?

Sur les bandeaux à inscriptions, le long des frises,
Les lettres de la droite se courbent vers la gauche,
Suivent le désaxement d'une salle pour confondre le
sens des versets.

Fallût-il croire aux croix d'eau, au microcosme des
miniatures,
Aux arcs, aux porches voûtés en ogives,
Aux niches ornées de stucages, nous ferions signe au
refus.

La mémoire, une oasis. La voix du muezzin dévoile
l'appel,
Un appel que je n'entends pas. Aucun homme n'élèvera
la voix,
N'édifiera sa carrure entre Dieu et moi: je suis un
homme libre.

IRAN (Chiraz, Esfahan, Téhéran, Bandar-e-Anzali),
du 19 mai au 1er juin 1992.

CHANT TROISIÈME

La descente dans la caverne

Allāh, l'Ami, est plus près de moi que moi-même;
  il est donc plus étonnant que je sois éloigné de
  Lui.
Que ferai-je, et à qui peut-on dire qu'Il est en moi,
  tandis que je suis séparé de Lui?

MOSLEH-OD-DĪN SAADĪ

Pour remercier Allāh de la paix survenue entre
  moi et Lui,
Les soufis en dansant ont vidé la coupe de la
  reconnaissance.
Le feu n'est pas ce qui donne son rire au cierge.
Le feu est au contraire ce dont brûle la
  phalène.

MOHAMMED SHAMS-OD-DĪN HĀFIZ SHĪRĀZĪ,
      poète persan (mort en 1389)

I

Des rochers écorchés vifs, des voix modulant des plaintes
   longues,
Le corps dissous dans la brume;
Au large, le vent, le souffle humide, marin, des nuages
   souffletés.

Fuir de ce corps les désirs futiles, les sourdes profondeurs
   de l'hésitation,
Jusqu'à, morcelée l'harmonie,
Ne plus souhaiter le miroitement ni des angles ni des
   courbes.

Le plan s'enflamme, les cartes, ô géographie!
Les cartes sombrent dans le bégaiement de fragiles
   frontières.
Cela s'ébruite, cela balbutie, cela s'abreuve de jour étanche.

Crispés comme le mutisme même, l'esprit poisseux,
Les mots s'enclanchent et figent, le rythme flanche,
Levé matin sans la moindre passion, échevelé, cru.

Fêlée la route, fracassés les fossés; j'arrive à me perdre,
En retard, dans les éraflures nombreuses des délais et
   des risques,
La lèvre fendue, l'œil gercé.

Je fléchis le genou. Un temps d'arrêt, puis reprendre la
   course,
La salive amère, et derrière, le regret,
Le sentier trahi par les embuscades, les mirages du doute.

Des rochers écorchés vifs, le feu sous la plante des pieds,
L'ongle arraché; et ferme, le refus de se confondre avec
   l'épave.
La nuit s'annonce froide. Et fade.

II

Déchiqueté mon rêve, ton épaule contre la mienne,
Et nous sommes si loin les uns des autres; je vaque à
  l'unité,
Je prétends; l'abîme est ouvert, l'attente pleut.

Le partage et ses limites, la valeur de l'étoffe,
Le sexe gonflé qu'elle étouffe, l'épineux étui des noisettes,
Sans jamais accomplir aucun geste, la coquille masquée.

Je saisis une hache, la sauvagerie me fait signe,
Un atavisme tribal exécute la danse des vandales, et sec!
Je tranche l'écorce du mot; une sève se répand, stérile.

Venu le jour, je le repousse; le mépris rôtit dans ses jus,
C'est la suie que je guette sur des lèvres ferreuses;
La mer est noire, l'eau fuit sous terre.

Brusque le contact, les fresques lapidées par des pâtres
  crétins;
Barbarie! la foudre est remise à plus tard,
Le siècle s'achève sur vos actes, vos crimes intacts, impunis.

Griffer des falaises les phalanges sanglantes,
Le foie douloureux et le front vers le ciel: instase!
Me faut-il séduire les flancs de la terre pour m'arracher
  à l'oubli?

Déchiqueté mon rêve, par les hommes qui défilent,
  brutes,
Bêtes malodorantes, et la fierté d'être mâle m'envahit,
Attise la braise, rallume ce volcan que je croyais éteint.

III

La beauté me talonne, une pierre à mon cou,
Je plonge dans la flaque du désir, je reste au fond,
Écueil aux pieds du roc, récif lorgnant le large, la
    paupière ensablée.

Où je regarde, je le vois, le visage, radieux, ombreux,
Le travail bien fait, mes mains sont de plomb; le trait,
Davantage qu'une ébauche, la noire texture des mâchoires
    tendues.

Ô l'appui! le dos contre l'horizon, les étoiles dans les
    yeux,
Mon crayon ne peut cerner que celui qui passe devant
Sans s'arrêter, le corps alangui par une grâce fugitive.

Et ne vouloir, jamais, participer aux critères éphémères
    de la jeunesse,
À peine perçus, disparus de la surface de la feinte;
Mon parcours s'étire langoureusement derrière moi.

Debout, bien plus que des œuvres d'art, la vie,
Le corps mouvant, vivant, et sa chaleur que j'imagine,
Blanche, pâle pluie d'été, le matin, un épais brouillard
    enfumé.

Il est là. Je renonce aux mots sabrant dans la phrase
L'effet du fouet; le soleil tache ma peau,
Je l'invite à consumer ce qui m'est défendu, l'entorse et
    la forge.

La beauté me talonne, où que j'aille, du désert à la mer,
La même rigueur du regard, ô Voyant Suprême! sans cesse,
Pourquoi me faut-il la chercher pour m'y fondre en
    secret?

IV

Le défi, des pierres que j'enfile, des pas appliqués sur le
    sol,
Étourdi dans sa ronde, file, me croise, s'en va, rapplique:
À peine reconnu, je repousse ses avances, puis je change
    d'idée.

J'exclus d'emblée les insinuations insipides de qui craint
    les censures.
Je monte une rue comme je suis libre d'écrire; près de la
    mer,
L'odeur des pourritures m'évince, un garçon trie les
    détritus.

Qu'en est-il de sa vie? Sa beauté s'épanouit en silence et
    s'ignore,
Le rêve passe, et serait-il un accueil, un semblant de
    liberté,
Il s'énoncerait sans éclat, un jour d'orage.

Oh! fatale est la vue! Et la perdre, serais-je sauvé?
Douloureux, le rôle de témoin; j'assiste, arrogant,
Au spectacle des gestes fats, des contenances, des
    attitudes vaines.

Ravir au soleil sa morsure, lui signer le cou, les cuisses
    fauves,
Revenir sur ses pas pour soumettre à l'écho la stature de
    sa chair,
La faveur aisée du sourire.

Exagérer. Prendre place à la table branlante du célibat,
Du choix précis, de l'indépendance conquise au prix du
    désir,
De la convoitise éployant sa présence.

Le deh, des pierres que j'enfile, une chaîne s'allonge,
Se casse à sa guise, une geôle capricieuse;
Les figures accusent les lys de copier leur parfum.

V

Caviardés l'illusion, le pathétique, l'impression de
    mourir à Venise;
Je dis non, les dents serrées, la parole grinçante,
La gifle cinglante sur la face du Temps.

On ne m'aura jamais. Jamais. Je dis: Non.
Commettre un meurtre, ne serait-ce que pour tuer la
    douleur,
Ronger les os du mal, le squelette de la misère: Non, je
    dis non.

Si. Parfois. J'ai mal. C'est pour nier. Renoncer.
Aussi. Parfois. C'est pour trahir. Oh ce fracas dans ma tête!
Pour des hanches solides et l'instant d'un orgasme!

Perdre Sa trace, pour quoi? Pour une démarche fausse?
Pour le clignotement d'un samedi soir? Pour le vernis
    des souliers?
Le motif des cravates? Non, non, jamais.

Mais une voix, une voix unique, à ma porte, et des mots,
Me ferait-on accroire, que personne n'a jamais entendus,
Une voix sans hameçon, sans accroc, une voix opale.

Et des fruits qui mûrissent sur la table, un chat qui
    regarde au-dehors;
Un jour, le départ à remettre en question,
Et peut-être, parfois, sûrement souvent, rêver d'être seul.

Caviardés l'illusion, le pathétique, le vieil homme perdu;
Sa vie, monologue en suspens; le cynique essuie une
    larme,
Se justifiant, cherche la poussière dans son œil.

VI

Ils s'affichent, les fâcheux, et leurs matraques débarquent.
Ficelé par la foule, le vertige des sifflets; la houle
    humaine s'agite,
Et je valse avec elle au milieu des remous.

Et luisent les casques sur des noisettes creuses,
Coiffant la haie des boucliers; les bottes de l'Ordre, bien
    cirées,
Astiquées de glaviots délétères, de graves caillots,
    surgissent.

Le mot sur la langue: *Fascistes!* Je crache; le souhait que
    j'ai fait
Entre deux cimetières, ébloui par le feuillage des saules
    blancs:
J'exige de ce pas que les langues se délient!

Fréquenter les partisans du refus, et libres les poètes;
Les nuages ne pleuvent plus sur la face de celui qui
    dénonce,
De celle qui défie l'officier de la foi, le pus du furoncle!

Les furieux de l'Effroi, jusqu'à quand, jusqu'au virage
    manqué
Où se consume la collision des régimes.
La fin de l'Ombre viendra, la fenêtre est ouverte.

Mais oh! J'ai bien connu l'affront! Faudra-t-il pour y
    survivre me taire
Et rentrer au logis? Non! Jamais! Au nez du couperet,
Ne jamais oublier le bâillon sur les lèvres sèches des
    amis!

Ils s'affichent, les fâcheux, la menace est constante et
    sournoise,
C'est l'eau de l'étang. Y jeter des pierres à bout de bras,
Violemment, y noyer la bêtise et le culte des ronces.

VII

C'est le même fardeau pour la même monture. Je vacille.
Tu me pointes du doigt, m'interdis à la fois la luxure et
    l'instase.
Je trébuche dans le sable, l'espace me triche.

Ton œil se pose tout contre le mien, puis contre ma
    cuisse,
Mais ta main cherche le jour au creux de ta poche.
L'ombre à l'angle des jambes rampe sous le linge tendu.

Ô Expansif! Son visage beau, une fresque d'église!
L'orage me visite et je reste, seul, sous l'effet syncopant
De la stridulation des cigales, du parfum jaune des
    saules.

J'allonge le rêve, la soif est fréquente et ma vue s'affaiblit.
Est-ce le soir? L'espoir engourdi et le feu qui s'éteint
Quand les parois du désir et du doute s'affaissent?

Mon corps s'est donné au sommeil sans façon, tu n'es
   pas venu.
J'évite les fausses manœuvres de l'éloge; le figuier,
Plein de ses fruits, dans la steppe obombre la yourte
   nomade.

Je reste là sans bouger, à feindre l'enracinement de mes
   liens.
Je sais que tu veux cueillir à mes lèvres métèques
La fraîche splendeur des paroles aux hanches nues.

C'est le même fardeau pour la même monture. J'insiste.
L'ardeur est profane, je la veux sans égale. Ma voix, dans
   la nuit,
Ma voix se fabrique des murailles d'eau sous un dôme
   étoilé.

VIII

Pour T'avoir oublié, ô mon Affligeant! j'ai froid;
Il m'offre deux roses, je les nomme systole et diastole,
Parois de l'intériorité, miroir du Son vital au centre de
   l'Amour.

Ta peau obsidienne, ô détachement! comment ne pas
   céder
Au regard de l'onyx? Daniel entre les lions se terre au
   fond de l'antre,
Intact et chaste, au terme de toute origine.

Et si la parole est action, que me soit révélé l'axiome de
   notre unicité,
À nous, itinérants parmi les cheminées de fées,
Perdus dans les forêts de cônes coiffés d'un pinacle.

Je descends; mon pas sonne creux à la surface du tuf,
Et glisse, et s'arrache à l'emprise des absides,
Là où l'homme passe de la terre vers le ciel, transfiguré.

J'implore Ta grâce, Immuable, dans l'Union intime et
    intense
Que m'offre le privilège de l'instant; parmi les
    sensations,
Les connaissances, comme j'aspire au désir d'Allāh!

C'est la nuit humide de la chair, tendres servitudes éparses
Entre les doigts fébriles, ô délices massives de ton cou!
Saveur citronnée du réceptacle soyeux de ton épaule!

Pour T'avoir oublié, ô mon Affligeant! j'ai froid.
Et si j'ai cru à l'échec, ce fut pour mieux m'en éloigner,
Pour survivre à la scène, à une autre descente de la croix.

IX

Le tunnel est étroit; de l'intuition à la connaissance
    unitive de l'amour,
Immergé dans la matière poreuse du tuf, passer,
Impétrant, récitant enthousiaste et rebelle.

Ô plénitude! branche d'olivier! palme à la base des stèles!
Que puis-je devant la puissance du faucon
Sinon séduire comme la nacre et la fresque?

Sur mes mains le rouge de l'ocre, d'avoir arraché
    l'écorce des racines,
D'avoir contemplé l'éclosion des coquelicots et la
    déroute du scarabée,
D'avoir été persécuté par les iconoclastes!

Aussi, les chardons de fleurir sur l'autel bucolique,
Et tout près, l'achillée, les verges d'or et les jacinthes
   sous la pluie;
Ô calices! brûlantes matrices enserrant le mot primitif!

Il m'offre le mouvement, c'est le recul, je n'ai plus rien à
   témoigner;
S'il repasse dans ma vie, c'est pour me demander
Qui fut le vrai traître, de Pierre ou de Judas.

Les abricots bientôt vont mûrir; les paysannes voilées,
Penchées sur leur bêche, relèvent la tête, sourient à
   l'étranger;
Elles offrent la pistache, le thé, l'arachide.

Le tunnel est étroit, c'est un lieu de naissance,
Une mince balance oscillant dans le noir, c'est un
   rythme pâle,
Une psalmodie de l'attente, la solitude, sous la foudre.

X

Une voûte en berceau, c'est la forme du silence quand
   se multiplient,
Pour chaque jour de l'année, les églises rupestres,
La fuite en Égypte, celle des mulots dans leur trou.

Des loups rôdent parmi les bouleaux, l'architecte
   supprime les heures,
Et bien inutiles, ces vases précieux qui recueillent les
   larmes;
Un homme a marché sur les eaux.

Ce lieu me possède; une cangue m'envoûte et mes
    mains sont salées:
Est-ce la soumission aux merveilles de ce monde qui
    m'éclaire,
Encore me fige, m'aveugle?

Ô poésie! enthousiasme du pauvre hélianthe accablé par
    sa tige,
À renaître au moment où s'amorce la chute,
Voici mes bras fragiles que la pierre égratigne!

Et s'il vous fallait en rire, je toucherais de mes lèvres
Ce qui reste des fresques, ces visages effacés par les
    intolérances,
L'ampleur des miracles écrasés par des muscles fibreux.

Ô verbe contre le Verbe! Son corps si loin du mien
Et pourtant si pareil! Semblance des spasmes,
Du souffle étalé menacé par le vide où je pose le pied!

Une voûte en berceau, c'est la forme du silence,
Une pure lumière descendue sous la terre y puiser
    l'harmonie,
Prisme du Chant suprême au seuil de sa bouche.

XI

Tu ne peux pas voir est le nom de ce lieu. Des vallons
    sinueux,
Des falaises abruptes, formés d'une terre aquifère,
Des méandres menant au narthex d'une grotte.

107

Dans la vallée des Sabres, une église, et crucifiés, les
    deux brigands;
Une croix, peinte contre la matière éruptive
D'une pyramide cendrée le jour, le soir, grège.

Pour le tremper dans de l'eau, le fragment à la fresque
    arraché:
L'élixir inutile ne peut remplacer la cellule,
Et ponctuel, et béni, l'avènement des charismes.

Ô Lumière! je me repose sur Toi! J'imagine des hymnes:
Serait-ce le centre du discours, cette nef souterraine,
Cette icône abîmée, profanée, cette pièce d'albâtre
    antédiluvienne?

Que j'entende l'Appel dans les frasques des villes!
Lumière! traverse les strates épaisses du passé, de l'oubli,
De la glaise de ce corps et parviens jusqu'à moi!

M'étendre nu sous un saule odorant, délivré,
Ranimé par la force des signes à mon front;
L'adret rosâtre d'une vallée penche vers moi son haleine
    d'Archange.

Tu ne peux pas voir est le nom de ce lieu.
J'accepte en cadeau le refus, je remonte à la surface de
    l'accueil.
Ma mémoire est empreinte du sens des versets; seul, je sais.

XII

La surface est fine, et si mince, je ne peux morceler mon
    regard,
La procession des attitudes est complète, et si je veille,
Et rêve encore, c'est qu'en moi se reflète un passé.

J'observe mûrir les blés; c'est que le voyage dure,
Les jambes lasses, et dure l'envie de reprendre la route;
Un matin, la fougue revient, un départ s'impose.

L'auriculaire et le doigt où brille l'anneau touchent le
    pouce,
Le bleu domine et la mer est si loin; une vigne orne une
    image,
Ses ramages, les sarments, animent les arcs, les coupoles.

Descendre si bas, où se révèlent tant de mystères,
Où les nuages s'inclinent, tenant dans leurs mains
La dorure de l'énigme; sur l'épaule, le brocart et la soie.

Des lignes brisées sur les colonnes,
L'ocre et le jaune de l'écorce du bouleau auréolent une
    étole plane;
Le geste penché sur la feuille d'écriture, l'évangile
    accompli.

Qui a reçu la Vision? l'artiste anonyme, itinérant,
La famille troglodyte ou l'enfant dans le temple? Le vent
    s'est levé,
Les pigeons, irisés, s'envolent; la foudre s'apprête à
    tomber.

La surface est fine, et si mince; et transparente la
    matière,
Soumise à l'érosion des ressources, à la pulvérulence,
À la poussière sournoise attendant qu'on lui tende la
    joue.

XIII

M'illusionner, me tromper, croire au non-sens de la
    solitude,
Au renoncement du vêtement replet,
Des mains caleuses d'avoir manié trop longtemps le pic
    et la pelle.

Entre les aiguilles en flèches, entre les roches
Et le creuset des tanières, s'ouvre une crevasse large:
C'est l'entrée à Jérusalem; le coq chante une deuxième
    fois.

C'est le rouge cochenille du tapis, l'azurite des voûtes en
    tonneau,
Des pilastres, l'image du Sépulcre tout au centre de
    l'abside;
Dans les basiliques alvéolées, errer.

Errer. Lever les yeux, apercevoir les Trois Archanges
Sur l'écran du sanctuaire, et imberbe, la pâle beauté de
    Judas;
Sous les nuages de gaz, les cendres, les laves du volcan.

La vigueur de l'esquisse, paysanne, vitale;
Et pour inscrire l'oiseau, le poisson et le cerf,
Extraire du sol rougeâtre le manganèse, la malachite, l'ocre.

Ô Lecture! médaillons, chapiteaux, pendentifs du Livre!
Sens occulte des points de mire et procession sacrée des
    couleurs,
Indicible surprise des Femmes au Tombeau!

L'illusion, me tromper, croire au non-sens de la solitude,
La main, la mienne, allant, venant, sans cesse,
Entre l'épique et l'Appel, un doigt posé sur ses lèvres.

110

XIV

Être une flûte de roseau, sympathisant,
Quand la nuit s'allument les dix-huit branches du
    candélabre,
Quand l'ombre se glisse, et place, sous le kilim, trois
    pétales de roses.

La tête posée sur sa cuisse, je revois le parcours,
Je rends grâces à Dieu pour le rouge brasier que
    j'héberge.
Je quitterai le noir manteau, les soucis de ce monde.

Puisqu'on n'a pas retourné mes chaussures,
Je me recueille à la porte silencieuse du jardin des âmes;
C'est un seuil d'argent, un reliquaire en or incrusté
    d'héliotrope.

Je fais trois fois le tour de la salle: je connais, je reconnais,
Je me fonds en l'Absolu: le voile se soulève.
J'entends ce qui est invisible, je me dépouille, je vois le Son.

De ses mains il a pris de Dieu, il a donné à l'homme, à la
    femme,
À l'enfant, la paume droite levée vers le ciel, l'autre,
Tournée vers le sol, lui-même Amour et Vérité.

Ô Mevlānā! ô Rūmī! Eussent-ils compris, vécu un seul de
    tes vers,
Le catafalque de marbre, le tambour à cannelures,
Les huit pointes stylisées de l'étoile n'existeraient pas!

Être une flûte de roseau, sympathisant, voilà qui suffit;
Et sous le verre, l'aspersoir à eau de rose,
Le parchemin en peau de gazelle, les ciseaux à moucher
    les bougies.

XV

Dans la terre, le calme profond, le feu est là, authentique,
L'œil fermé, l'attente certaine et le jour sous la dent.
Au-dessus de la tombe, jadis, six coupoles, un toit en
  bâtière.

Entre l'iconostase et la cuve baptismale, un bout de
  marbre dans la main;
Croire aux vertus curatives de la poussière
En invoquant le plus amant des Apôtres.

Tête baissée, franchir la porte cintrée,
Les linteaux décorés de perles et d'oves en rangées;
Ce lieu est-il celui de l'Écriture? qu'importe à celui qui
  écrit!

Solliciter un seul pouvoir, celui d'apposer un mot,
Un nom sur une chose animée, inanimée,
Ainsi l'unir à la Source de Création, s'unir à elle en
  silence.

Bien avant que d'atteindre l'horizon, l'insignifiance,
Rampant tout autour du tertre, le torse nu et la sueur
  dorée,
Bruyante et scabreuse, follement incendiaire.

Ne rien posséder, libre, et réduit à une apparence,
À une transparence mobile; et dans la rotation de l'aube
  au crépuscule,
De l'ambre à la braise, n'être qu'un souffle.

Dans la terre, le calme profond, le feu est là, authentique,
Sous les dalles de marbre; les colonnes veinées de bleu,
  de gris,
Reprennent leur place, attendent un autre séisme fatal.

XVI

Ce qui fut pris à la terre s'écroule, retourne aux tréfonds
   de la terre.
Vérités, fragments d'Éphèse, vous nous tournez le dos,
Vous vous enfoncez là même où vous fûtes conçues.

Le génie humain à l'image d'une ville,
D'un espace incrusté dans le temps, se manifeste dans le
   sable
Par des cailloux morcelés dont s'éloigne la mer.

Ô visages! placés sur le gravier!
Ce n'est pas l'humilité qui vous a posés là, mais les
   secousses,
Les lances cassées, l'incendie et le viol, vos méfaits, votre
   œuvre.

Et se fanent les feuilles d'acanthe, triste tombe d'enfant,
Près du verger que ceignent les ronces; ô Compatissant!
Fracassés les autels de leurs temples, les idoles de l'esthète.

Je regarde; je remonte vers le nord et m'arrête:
Devant se dresse une porte, celle de la Persécution.
Tombée dessus, la nuit, et l'abeille veille à purifier son
   or, sa geôle.

Le faible part à l'aube, sans se faire remarquer;
Je choisis le moment du zénith et m'approche de la grotte.
Entre quatre piliers, la lumière, sur la surface
   marmoréenne.

Ce qui fut pris à la terre s'écroule, retourne aux tréfonds
   de la terre;
C'est ce qu'il a vu dans l'île de Patmos. Rien.
Rien de plus, sauf, au loin, jumelés, les sommets du volcan.

113

XVII

C'est le craquètement des cigales, le grésillement des
    grillons; dans le ciel,
Les cigognes glottorent, leurs ailes blanches trempées
    dans l'encre,
Et sous elles, comme des crochets, leurs pattes pendent.

Aux Sept Dormants règne la sèche odeur du foin coupé,
Et stridente l'aria de l'insecte; l'accueil de la faille,
L'exactitude de l'énigme, patiemment, attendent là.

Une tombe éventrée dans un coin; la femme s'incline,
Ses pleurs s'attardent sur la chair du Verbe, sur les pieds
    du Seigneur.
Le scalpel de la science est rompu; généreuse, la
    légende survit.

On dit que repose ici Marie de Magdala; il reste une
    rose pâle,
Colorée sur le plâtre, une seule rose, entourée de
    scorpions,
De lézards, de chardons et de ronces, une rose inviolable.

Et de passer, désinvolte entre tous, le souhait de tomber
    amoureux,
Séduit, de souscrire à la chute pour que l'homme me
    ramène,
Conscient, consentant, là où commence le Verbe.

Sous mes pieds résonne le vide, je renonce au tapis;
Le poème, je le frôle du doigt, à peine possédé,
    s'évanouit,
Disparaît comme s'il eut encombré le progrès.

C'est le craquètement des cigales, le grésillement des
    grillons;
Dans le ciel, les cigognes font le tour de leur nid
    calmement.
L'effritement s'accélère; indifférent, je lui cède l'oubli.

XVIII

Derrière moi, les rameaux des saules musqués.
Je veux bouger, un cycle lunaire a donné le signal;
Le vent pousse des nuages de poussière à l'entrée des
    cavernes.

Mes pas s'effacent, les traces laissées par la danse,
Mes traces, ont été recouvertes, aspirées par la nuit.
Mon souffle est nu, il s'étreint de lui-même, le prodigue.

Lasse de masser le désir, l'ardeur enflamme l'œil.
L'oracle s'active, il dénoue mes chevilles, m'emporte
    avec lui.
Au réveil, la cendre grise au palais, à mâcher des épines.

Ses lèvres; ce carrefour des veines à son front, sa paume
    striée
Par les passages nombreux, et nombrables, de ma voix.
Substance animée de l'aumône, je m'agenouille devant
    toi.

Généreuse muraille, galbe mûr de la cuisse,
Brûlantes courbes du portail: la suite vient, l'instant
    dépoitraillé,
Et si fragiles tes mains, dans la pièce, sur mes épaules.

Le silence. Ton image est passée, il n'en reste plus rien.
Que ce poids sur mon dos. Et l'effort, le désir de partir,
Délivré de l'épreuve. En silence.

Derrière moi, les rameaux des saules musqués.
Je peux revoir la Cappadoce, m'étirer, revoir sans peine
    l'homme,
Et revoir ce qu'il m'a dévoilé. Une flamme. Une langue
    profuse.

XIX

Les fondements de l'ineffable, plus solides que des villes
    souterraines.
Au-dessus des failles sismiques, on joue au plus stupide,
À la plus vaine, aux plus corrompus.

Sur un billet de banque, une centrale thermique a
    remplacé
L'image du poète. Ô progrès! jouets gonflables
    suspendus
Aux arbres des villes! télé publique installée dans les
    parcs!

Passer parmi vous comme passe un nuage, sous le soleil.
Un homme dort sur un banc, ses chairs en débordent.
L'autoroute tranche un village; les idolâtres adorent le
    bruit.

Partout en ce monde une odeur de charogne; nos
    valeurs putréfiées,
Nos malaises tenaces. On a ouvert un tombeau:
Le corps s'est dissous, la poussière s'est unie au vent.

Nul besoin d'une éclipse pour filtrer la vision:
Le bâton s'est mis à fleurir. Mais l'apparence règne,
Séduit comme un intarissable marchand de tapis au
    seuil de sa porte.

Des femmes mesurent leur vie en faisant le compte des
    nœuds
Qui les ont aveuglées. Tout est en place pour l'arrogance
    et le cynisme,
Pour la critique et l'aveu, même s'il est tard.

Les fondements de l'ineffable, plus solides que des villes
    souterraines.
Quitter un lieu, c'est un peu le trahir,
Le plonger en pleine lumière, aussi profond, aussi
    sombre soit-il.

XX

Il est trop facile d'occuper les surfaces, de longer les
    circonférences,
La périphérie des zones habitables. Dans une ville,
On a craché sur mon passage, dans une autre, on m'a
    jeté une pierre.

L'hostilité m'indiffère. Mais terrible, la honte d'être
    humain.
Ô mon Indulgent! que le prisme reprenne sa forme!
Que reviennent la couleur et le trait sur la toile!

La chaleur distortionne les aspects du visible, attise la
    hargne,
S'insère sous l'ongle comme la crasse, la haine poissante.
Elle est partout la même, l'odeur des latrines.

117

Je nous regarde; je ne peux m'empêcher de rire: moi sur
    un banc,
Imposteur et témoin, vous, mauvais comédiens, fausses
    étoiles,
Nous nous ignorons à tant réinventer le règne de
    l'absurde.

À peine rasés, un buisson occupant l'encolure de la
    chemise,
Les poings sur les hanches, toujours prêts à s'accoupler,
Près du fumier, entre l'étable et l'écurie.

Et cela dure. Cela a duré. Cela durera quelque temps.
Jusqu'aux écluses menacées par une incroyable pression,
Jusqu'aux pôles inversés de l'aimant.

Il est trop facile d'occuper les surfaces, les contours du
    visage et du corps,
Trop aisé d'en faire une couche. Nôtre est le sel du
    désert,
La foudre en folie, la fièvre ensoufrée que nous avons
    créée.

XXI

Rien n'est définitif. D'un côté la falaise, de l'autre la
    porte.
À l'ombre de Jean, réécrire qu'*au commencement était le Verbe*,
Et qu'à la fin ne restera que le Verbe.

On numérote des pierres, on les dispose en rangées
Avant de les assembler; on s'accroche au passé que la
    nature a défait.
On se trompe; sur un bloc, l'écriture inversée.

Parmi les débris, les roses. Laissées à elles-mêmes,
Flanquées d'herbes mauvaises, ronceuses.
Je m'acharne à chercher leur parfum, à défier les épines
de leur tige.

Le poème se fraie un passage en frôlant des parois
incertaines,
Obscures, menaçantes. Il file, soupçonné de provoquer,
Impertinent, la débâcle du faux, du précaire et de
l'ordre.

Mais amorcés, l'ébranlement des consonnes, le sursaut
des voyelles!
Des armées sont passées sur le Livre, et les mots sont
restés,
Invincible mémoire à parfaire le silence.

Le mensonge s'empoisonne de son propre venin;
Je ne hausse plus le ton. Rien ne m'est interdit, sinon la
peur,
La tentation, souvent, de croire que tout est réglé
d'avance.

Rien n'est définitif. D'un côté la falaise, de l'autre la
porte;
Je cède à un autre départ. À ma sortie du souterrain,
On roule derrière moi une pierre de meule, on en
ferme l'accès.

TURQUIE (Trabzon; Göreme et la Cappadoce;
Konya; Selçuk-Éphèse),
du 2 au 30 juin 1992.

119

CHANT QUATRIÈME

La traversée de la forêt obscure

Je contemple sans intermédiaire Celui que j'aime;
mais une chose me survient et je perds mon chemin.
Il allume un feu, puis Il l'éteint avec un peu d'eau.
C'est pourquoi tu me vois brûlé et submergé tout à
   la fois.

MOSLEH-OD-DĪN SAADĪ

Pourquoi m'appelez-vous Seigneur, Seigneur,
et ne faites-vous pas ce que je dis?

LUC 6, 46

I

Sainte Sagesse, mon prochain, comment t'aimer?
Sur les pendentifs veillent les anges; les lois du corps
    sont inévitables,
Et je m'éloigne de toi, ô mon Aimé!

Le monde me distrait; la dévotion encyclopédique des
    pédants
Dépolit les nervures du marbre et les filigranes massifs
Entre les colonnes alignées encadrant des lectures
    savantasses.

J'ai voulu vivre en Ta présence; me sont révélés
    l'intolérance
Et le mépris, le cœur chargé des reproches des scribes
    ennuyeux.
Le long d'une ligne droite, un labyrinthe m'engloutit.

Rewendeh: un seul mot de la langue persane
Désigne le Voyageur et le Contemplatif; j'éteins la
    veilleuse.
Je me livre aux étreintes faciles, aux appétits du
    tourment.

La mort m'est connue: je la regarde froidement dans les
    yeux,
La voilà qui s'en va. Elle reviendra, elle prendra mon
    corps,
Mais cette fois Dieu la chassera, la peur la réclamera.

Dieu; qu'un seul mot, celui-là, et l'on tourne la page,
On me tourne le dos. Le recueillement, impossible, et
    supprimées,
La face de l'homme, la prière oubliée dans le creux de
    l'enfeu.

Sainte Sagesse: que tout est fade! nos valeurs aplaties,
  nos itinéraires hâtifs.
Dans le vide, l'espace vide du lieu, les sons nivelés à
  même le mur.
En soi l'Harmonie parfaite entre l'Intelligence et
  l'Amour, la Sérénité.

II

Civilisation, méconnaissable berceau, nous forgeons
  dans la poix
Son tombeau, le génie gaspillé, l'orgueil dissipé,
Préparant avec soin notre immolation.

Où Tu Te trouves, Tu me fuis; dans les yeux du passant,
Je ne vois plus Ton visage, en moi la surdité, l'Appel en
  fuite,
Et Te cherchant, Tu m'évites, ça n'en vaut plus la peine.

Je n'ose plus T'appeler, ô Dissimulé! Ton nom sonne faux:
Un écho moqueur m'intimide et m'écrase.
Je découvre l'énigme feinte, le défaut dans le verre, la
  perle baroque.

Et ma bouche rêveuse d'un corps, Tu me refuses, et me
  le refuses.
Tu m'affames et me livres au supplice,
Me siffles à l'oreille assoiffée une voix factice, enflammée.

L'Union n'est plus possible, le bruit l'a tuée. Cet espace
  nu,
Meublé de désertion et d'éclairs flétris, je l'accroche à
  mon âme
Et j'en fais une épaule; vaine est l'étreinte.

126

Lueurs précédentes et laiteuses, l'aube en nous déjoue
   notre image.
L'attente en cascades bouscule mon propos, pour si peu,
L'écume sur les lèvres, le caillou sous la dent.

Civilisation, méconnaissable cerceau frétillant
Autour de nos hanches torves, à nu, à froid, à sec,
Nous dansons sur place et l'impact de la chute confond
   même la piste.

III

La voie est facile, dit le moine. L'inaccessible absolu: des
   oursins,
Deux tortues, un sentier torride parmi les herbes sauvages,
Le clapotis des vêpres, les hirondelles et les cyprès.

Tant de vie, pour autant de coïncidences: elle m'a ému,
   la Déisis,
À Sainte-Sophie; ce soir, c'est le même visage qui
   m'accueille,
La déchirante humilité de Jean le Baptiste.

Elles se sont tues, ces voix qui me harcelaient; ce
   vacarme,
L'abri-sous-roche résonnant, et sur mon front le
   feuillage du laurier-rose,
La brise marine, la fraîcheur cristalline du repos.

Le pèlerin infirme, le vieillard sur ma route, attablé à ma
   gauche,
Étendu au dortoir; l'âge du soleil lui sillonne la peau du
   visage
Et des mains; près du lit, son bâton.

À mon chevet, l'aloès, le camphre pour chasser les
    moustiques.
Le sommeil plane et bourdonne autour de moi,
Mes pas ont déserté le bouclier acéreux de mes tempes.

Et dans l'église, ô Magnanime! pourquoi ces larmes de
    repentir?
La fatigue a fait son œuvre, ma peau a changé de texture.
Après les vêpres, la nuit tombe; ne plus penser, respirer
    les roses.

La voie est facile, dit le moine. J'ai peut-être appris à aimer.
Les mains pleines de mots. C'est tout ce qu'il me reste.
Quelques sous pour rentrer chez moi. Nulle part. Et
    quelques mots.

IV

La mer s'est déchaînée; à jeun, séduit par la vague et le vent,
Un vœu se prononce: le désir, intense, que la nature
    m'emprisonne,
Ici, que le séjour supprime l'échéance.

Et si j'énumérais les causes de gratitude, ma pensée,
Une longue litanie. L'acier de l'eau me renvoie ses
    reflets,
L'écume se jette aux pieds de la croix plantée là, sur le récif.

Devant tant de sévérité, de puissance accablante, de
    menaces,
La paix venue, la sérénité retrouvée, la présence indéniable
    du regard
Qui m'habite, ce chant d'air pur me réchauffant de son
    aile.

À concevoir toutes les errances possibles, à l'instant,
Une seule vérité: rester; sur place, m'unir à l'éclair,
Éventer sa clarté, m'y perdre, ne plus revenir sur mes
    pas, aimant.

Qu'Il m'offre la grâce, et je tendrai la main. Sans recul.
Vouloir apprendre à me renoncer, à renoncer au monde
    et au doute,
Sa main dans la mienne et l'étreinte amorcée.

Et plus jamais le vertige, le malaise de l'aveu!
Les champs, aux moines, depuis des siècles; et la laisse
    de galets,
Aux oiseaux marins, aux insectes et aux algues.

La mer se déchaîne, se libère de nos lois assassines.
Aux flancs des montagnes, prosterné, le règne végétal.
Prier la mer d'agiter ses remous, songeuse, ainsi, mon
    alliée.

V

Le goût des offrandes: pour la toute première fois,
La chair d'un abricot fraîchement cueilli, la texture du
    loukoum
Et le parfum du magnolia; le verre d'eau, l'amertume du
    café.

Les broussailles du sentier, la touffeur des sous-bois,
L'obscure forêt sauvage, et simultanément: goûter le sel
    sur ses lèvres!
Entendre le fracas des vagues sur les rochers!

L'odeur de l'humus mêlée à celle du varech, le sable
    sous les pieds,
Les épines égratignent les jambes. Croire. Simplement.
Croire au grand déploiement du décor.

À l'éclairage tombé tout droit des nuages, aux rais lumineux
Filtrés par les branches; dire un mot, le tout premier son,
Le feu en soi, l'incendie qu'on a soi-même allumé.

Exauçant! l'effort qui jamais ne se fane, la lecture de la
    foudre,
Enclin au sacre grandiose du silence,
Que ce crépuscule soit mon guide, le but du salut!

J'ai vaincu les ombres, j'ai maîtrisé l'opacité du séjour
    sous la pluie;
Mais au jardin spirituel de Philothéou,
Je n'ai pu nommer la fleur blanche au parfum de vanille.

Le goût des offrandes: j'ai demandé, j'ai reçu.
Ici même le silence ne sait être parfait; le vent pénètre
    dans la chambre,
Y projette l'ombre de l'église sur les murs blancs.

VI

Les cailloux ont percé mes chaussures; mes épaules,
Blessées par les courroies de mon sac;
Le corps fourbu ne répond plus; l'appétit va, revient.

Pour Te contempler, Lumière, éteindre ce regard insistant
Posé sur le monde, éteindre les gestes mats, séculiers,
    troubles;
Ou faut-il se fondre soi-même dans la pierre de l'autel?

130

J'ai traversé la presqu'île d'une vague à l'autre,
Parmi la bruyère et les ronces, les guêpes et les insectes
    nuisibles;
Seul au milieu du sentier, seul, debout, rempli de
    certitude.

Mais l'extérieur, le revers de l'isolement est rugueux,
    âpre,
Indésirable; mon prochain m'exaspère. Comment ne
    pas le fuir,
En même temps, l'aimer? Je me refuse l'accès de la cellule.

Me perdre dans les villes auxquelles j'appartiens?
Prendre appui contre un arbre que j'aurais appris à
    nommer?
Laisser derrière moi les discordances, les dissonances et
    le bruit?

Mais non. Garder vive cette flamme en moi, et la
    partager,
Ainsi ne pas la trahir, la vivre, exacte et sans faute,
Passer d'une page à l'autre sans y laisser de cendres.

Les cailloux ont percé mes chaussures: beaucoup m'ont
    précédé,
Plusieurs me suivront. Le cycle est parfait, sain et sauf,
Accompli dans ses multiples, ses diverses rotations.

VII

La mer, en longer le parfum et la voix, sans arrêt,
Dans le prolongement de ma propre liberté;
Le lit dans un coin où déposer le livre, la porte fermée.

Dans la forêt, un cheval blanc; sur la route, écrasé, un
    serpent.
Le vent soulage des morsures des pierres et du soleil.
Dans une église, un morceau de la Vraie Croix.

Passer des hymnes aux accords des façades.
Parmi les Quarante Martyrs, sur une icône, deux d'entre
    eux s'apaisent,
Se consolent l'un l'autre, c'est l'amitié qui les sauve.

Il me faut retourner le sablier; il m'a suivi partout,
Je l'ai parfois ignoré. Je regarde devant: déployées sous
    mes yeux,
Les beautés m'attendent et m'accueillent.

Quitter la forêt en bateau, sur la mer Égée
Imprégnée des cendres de Maria: une pensée pour elle,
Une vive émotion; une voix en mon cœur dicte un
    oratorio.

Je partirai bientôt. Qu'ai-je trouvé, si loin des miens?
Que mes profondes racines. Le culte de l'enfance,
Les rituels des humbles et des pauvres, le pain sur la
    table.

La mer, en longer le parfum et la voix, sans arrêt, agile
    et léger;
Les retrouvailles, une autre fois, sentir l'immuable,
Au fond de moi, l'indéniable présence de Dieu.

VIII

L'Appel conduit à l'ambon, à la chaire de vérité,
À la conviction, comme le bois serti d'ivoire et de nacre
    perlée;
Peinte à l'œuf ou à la suie, l'icône en traduit le rythme
    affouillant.

Ne pas reculer devant le serpent, gravir le sentier;
Ce que j'exige de vous, mon prochain, mon semblable,
Je l'ai d'abord exigé de moi-même. Le silence. La
    réflexion.

La conscience diffère des coups frappés sur la simandre;
Ce que nous esquivons, la charité, le respect, ne sont
    plus intégrés
À nos vies; sous l'azur, près des laures, la grâce du saule
    pleureur.

Par-dessus les têtes, l'abat-sons, les toits à corniches,
Les galeries en bois et ces murs faisant corps avec les
    rochers;
La contrition, sous les tourelles, le tâtonnement de Thomas.

Le retour à la promesse initiale, être soi-même le
    maillon
Unissant le ciel à la terre, et pour cela, l'orant pèlerin va,
De la sollicitation à la prière pure, dans la plaine de
    Thessalie.

Une poire est tombée de l'arbre. Les montagnes du
    Pinde,
Les nids d'aigle, l'envol à la portée de la main, du
    regard;
L'amaryllis, le cœur béat, abrupt; une abysse occluse.

L'Appel conduit à l'ambon au centre de la nef, et
    perpétuelles,
Des lampes à l'huile insufflent aux fresques la vie,
Une lumière vigile, et frêle, un son.

IX

Les faînes abondent, les branches du hêtre ploient de
    chaque côté
Du sentier; des échos; une sauterelle grignote une feuille
    d'herbe,
Les grillons font grincer la forêt.

Des échelles volantes tombent des saillies, longent des
    cataractes,
Des rochers vert cendré; se repentir et grimper,
Allégé du poids de ses larmes, le front large et les lèvres
    minces.

Ornant la façade, le bois ciselé, une croix bleu de cobalt,
Et le cycle reprend son éclat; les fruits sont mûrs,
Près de la coupe, et le cœur se dénude, subitement
    recueilli.

Chaque retour est aussi un départ; devant l'iconostase,
Le silence de l'aveu gravé dans l'encensoir,
La scène des Trois Anges; appuyée sur la terre, la marche
    est fragile.

À l'encontre de l'Autre, je vais, nettement,
Et personne n'aperçoit mon sillage; l'averse absorbe mes
    traces,
L'air pur avale ma voix transformée.

Le long des cloisons, sous les lucarnes et sous les dômes,
L'eau dans la paume des mains, les yeux en amande, le
     nez fin,
Ils se prosternent, dévotement, devant les plis des tuniques.

Les faînes abondent, la patience est de rigueur
Pour en arriver à la finesse du goût, à l'érosion des limites
     de l'âme,
Et dans la conque du sanctuaire, à transcender le sens
     de l'icône.

X

On a violé l'intimité des Météores, à voix haute, le
     silence est souillé;
Mon Juste et Clément! ma tolérance a chuté devant le
     spectacle,
Devant l'horrible apparat de la bêtise humaine.

À proximité des icônes portatives, ne pas céder au
     mépris de l'autre,
Me pencher par-dessus les ravins, vénérer en moi le vol
     des libellules,
La clarté de la foudre, la splendide simplicité du roc.

Qu'un ultime recours, et le plus difficile, le chemin
     épineux du pardon.
Avant tout, baigné de gratitude et soumis au vertige,
Ne pas craindre l'attrait, la fascination du vide.

En moi le repos, son règne, sa puissance et sa gloire.
S'approche l'orage pour laver les plaies de la roche,
La présence de la vitre cassée, de la tôle au fond des fossés.

L'esthétisme et le grandiose séduisent, mais aspirer à
    l'entendement,
Au surpassement de sa capacité d'aimer, à l'inépuisable,
À l'inestimable trésor qu'Il nous offre.

Un mouvement faux et mes os se fracassent tout en bas.
Liberté! un aigle plane à mes pieds et j'envie la grâce de
    ses gestes,
De ses plongées nonchalantes.

On a violé les Météores; la main les reprendra qui les a
    placés là,
Le vent ébranlera la cécité des cloportes, l'ivresse des
    teignes,
La bruyante arrivée, l'escapade des poussières humaines.

XI

Je traîne une tension, un désir inassouvi, une amertume,
D'où s'ensuit la tristesse de l'éloignement.
La route inachevée, revenir sur mes pas, banni du
    labyrinthe.

Ô Soleil! un repas qu'on ne peut rattraper, l'éloge du
    jeûne
Et la saveur des chairs! La pulpe du fruit désaltère le
    sommeil;
Je veille, à l'heure de la sieste.

Tant d'efforts et tant de distances n'auront pu effacer
    ma quiétude;
Une gerbe de blé dans les bras,
Notre monde humilié baisse la tête, il nous montre la
    voie.

136

Être le lieu même où s'épanouit l'indicible relation
Menant de la connaissance à l'amour de Dieu. Être au
    centre du discours?
En atteindre le cœur, boire à la coupe de Vie l'essence
    de l'Union.

Le temps de l'écrire, la nostalgie d'une courte durée
    m'envahit,
Et je reste seul, persuadé de ces liens de filiation, au sein
    de la forêt,
Convaincu dans la clairière d'où jaillit la certitude.

Et de sourdre en moi par trois fois la nature du visible,
De l'inconnu, sans que jamais je ne puisse en saisir un
    atome;
La beauté, le Verbe assagit la beauté.

Je traîne une tension, une étincelle rougeâtre épargnée
    par le temps.
Je traîne mes pieds meurtris dans le feu,
Dans l'eau, dans le sable, et jamais je n'atteins l'horizon.

XII

Ces formes complexes, la hiérarchie des souffrances,
Un ciel obscurci: je vois les haillons des pauvres moines,
Suspendus aux branches des grands arbres décharnés.

Dans la forêt de châtaigniers, j'ai abandonné mon bâton
    de pèlerin;
Quelqu'un le trouvera, quelqu'un s'en servira.
Je n'ai plus besoin, désormais, de chasser les vipères.

Les tortues vont par couples, et croissent les champignons
Autour des sanctuaires; la mémoire est un cône de marbre,
Un cyprès millénaire, une coupole recouverte de plomb.

Pour l'office du matin, préparer les lectures du jour:
S'empressent les moines au centre de l'église.
Je me souviens du premier jour où j'ai eu froid.

Ma mémoire, laissée derrière dans la salle d'hôte
Pendant que défilent les notes des chantres,
Les monotonies du récitant au réfectoire.

La réponse, au bout du roseau, une éponge imbibée de
    vinaigre.
Je me penche au-dessus de l'urne bénite, soumis à la
    nostalgie
Dans le golfe de la Sainte Montagne.

Ces formes complexes, ces balcons suspendus entre vêpres
Et complies, l'accueil du moine portier et du père hôtelier:
Ouvreur! partir, remercier sans se faire remarquer.

XIII

Quitter ce monde? Pour aller où? L'ermite est à la merci
    de son corps,
Malgré la bénédiction des eaux.
Suspendues dans les airs, les échelles de bois tendues
    dans le vide.

La joie ce matin s'insinue dans ma vie calmement;
Une odeur de rose blanche apposée sur la peau,
La jeunesse verdoyante des cèdres, l'ineffaçable esprit de
    Byzance.

La voix humaine dans tous ses registres, un baume
Sur d'anciennes blessures intérieures; dans tous les pays,
Elle célèbre nos rêves inaltérables de communion idéale.

À l'écart, je remets à plus tard le retour en ce lieu;
Celui que j'habite me suffit. Les esquifs prolifèrent,
Sous la tour, à la contrescarpe, le long du littoral
    estropié.

Questionner le baptême, le signe sur le front.
    Transfiguré,
Dans l'assurance du salut, sinon, sans effort, livré, lié,
Enchaîné à la séduction mièvre du misanthrope.

Savoir lire entre les pages, entre les livres,
Entre le jour et la nuit, au milieu d'un relief escarpé,
À l'embouchure d'un torrent, simplement, ailleurs.

Quitter ce monde? Pour aller où? L'oracle se trompe
    d'énigme
Et bouscule l'histoire. Je soulève mon sac:
Je revois une fresque, je pense à Simon de Cyrène.

XIV

Loin des entraves, la patience et l'espoir;
Le citronnier aux sept bougies resplendit dans le jardin
    mystique,
Dans la lumière cristalline de la péninsule athonite.

Sans le rituel, comment respirer entre le soleil et la lune,
Loin des cercles et des losanges, des spirales et des
    rosaces
Ornant le relief, les ornières de la route?

Sous les lampes ciselées et les lustres de bronze,
La polychromie des motifs végétaux; des icônes ont
    flotté sur la mer,
Perdues, victorieuses, elles ont atteint la chaleur des
    grandes laures.

L'enfant fut prodigue; il s'incline devant l'exaltation de
    la croix.
Et sitôt que l'heure eût sonné, des staurothèques surgissent,
Nombreuses, les lueurs dorées.

Je longe des murs enduits d'un badigeon rouge:
Des murs impassibles à revêtement de briques;
Des murs de villes anciennes; des mines et des barbelés.

Hors de tout, hors-la-loi, sans appartenir à personne, ni à
    rien.
L'œcuménisme est noble, idéal, irréaliste.
L'univers isolé s'écrit en paraboles percutantes, tôt le
    matin.

Loin des entraves, la patience et l'espoir;
J'ai passé le seuil de la porte, d'une autre porte.
Je descends vers les villes, vers l'insondable solitude des
    hommes.

XV

Les heures vont passer, je serai bientôt de retour,
Mes poches sont vides et mon cœur alourdi.
La poésie s'est évadée de son cadre étroit, le crépuscule
    est venu.

Les glaïeuls blancs côtoient les géraniums.
Mes mains ont oublié la moiteur de la terre, la chaleur
    du minerai;
J'aimerais ce matin me pencher au-dessus d'un semis.

Un seul verset m'échappe, une seule règle; je n'en
    retiens que le son.
Je me nourris de sa fréquence, de son intensité,
Ébranlé par le bruit des batailles.

J'ai connu les diverses manifestations de l'hospitalité;
Qu'ai-je à me plaindre? Il suffirait de nous rappeler
Que tout est parfait. Il suffirait d'apprécier le créé.

Surtout, méfiant, ne pas prétendre à l'illumination,
Au génie saccageur. D'autres s'en chargent.
Offrir à l'ami de la myrrhe, un livre, un fragment de
    tombeau.

Offrir à l'errant le sourire fatigué des clairières,
Souscrire à la déclivité du terrain, imiter dans ses actes
La crête du mont: interrompre l'ordre du fixe.

Les heures vont passer, les jours, les années.
L'émerveillement ne tue pas l'amertume.
Les villes m'attirent, j'y découvre la substance paisible de
    l'instase.

XVI

Prodiguées les ressources, et pourtant si libre et
    heureux,
La remontée vers l'ouest, le plan de la mer Adriatique;
J'ai échangé mon dernier repas pour un livre.

Nous ne sommes pas bien loin des massacres,
Nos corps se dénudent, des balles nous trouent le dos,
Dans les tranchées des obus plantent nos croix.

La nuit, le ventre à plat sur le sol, des enfants s'amusent
À enjamber d'un saut les gisants; la brume a masqué les
    falaises,
Bleue l'eau, le bleu de Sarajevo déversé sous la nuque.

Le soleil a mis le feu aux éphèbes; dans l'autre coin,
La lune enveloppe de sa cuirasse nos regards altérés;
Ceux qui avalent des sabres méprisent le miel, détruisent
    le luth.

Nous pensons valser, tu manies le gouvernail,
J'aspire à la foi objective, je ne veux plus voir défiler la
    côte,
Ce rituel m'exaspère, mes racines sont davantage que
    des algues.

L'Orient n'est plus qu'une musique, le Son lui est resté
    fidèle,
Je lui reviendrai toujours, une nuit de croissant de lune
    verte,
Et nous irons blesser nos genoux aux rochers.

Prodiguées les ressources; libre, j'envisage un autre
    départ,
Loin des labyrinthes, au cœur de l'effort, d'une langue
    tardive;
Un matin, brûler mon sac, et là, cette fois, et pour de
    bon, fuir.

XVII

Une horloge s'est arrêtée, s'il est étranger, il n'a pas
    droit à l'accueil,
Le peuple antique ne croit plus aux dieux venus sur
    terre le visiter,
L'attitude est outrancière et vaine.

Le profil d'Alexandre sur une pièce de monnaie: bientôt
    la veuve,
L'orphelin, l'amputé, l'horreur que je devine de l'autre
    côté du brouillard,
Le cœur bosniaque, le corps si maigre, connaître la faim.

Vêtu d'une toile de coton noir, on a taillé dedans les
    lettres d'un mot,
Le fléau de la soif. Ne pas avoir su résister à la faim;
Une ville assiégée allume un lampion dans une cave.

J'écoute les dernières mesures, un dernier café sur la
    table,
Que désirer d'autre? sinon la chaleur de ses cuisses,
Le dos de la main large et l'itinéraire sur elle fixé,
    froissé?

Ses lèvres. L'une est plus charnue que l'autre, c'est
    l'autel, l'autre,
Elle se dessine mince comme le fin duvet d'un jeune
    homme,
Parfois, la sueur y perle au soleil.

J'ai vu son épaule un matin de juillet. Lorsque j'ai repris
    conscience,
La cheville du pied gauche refusait d'obéir à l'élan.
Mes amours boiteuses, un chat griffe une écorce.

Une horloge s'est arrêtée, j'insulte le sommeil. Mes yeux
    s'ensablent.
C'est le vent qui réclame son dû, mes cheveux sentent le sel,
Mon corps, un tas de feuilles sèches.

XVIII

J'attends le jour, j'écrirai *tout est consommé,*
Je mordrai le nuage et le bas de mon dos frémira sous ta
    main;
C'est le feu crépitant qui revient lentement au bercail.

Sur ma langue le goût du cuir, étrange, tu n'y passes pas,
Tu dors sur une banquette aux extrémités d'un autre
    continent.
Dans une barque, fiévreux, à genoux, m'écrier: *Éloigne-toi!*

Ils ont remonté les filets; que du pain détrempé dans de
    l'huile.
La mer est à l'échelle de la mort, l'envers de la forêt,
L'image finale de la lourdeur et de l'ennui, des passions
    ennemies.

J'imagine ce qui se passe derrière ton sommeil: des
    pétarades,
Des fracas de fenêtres, des rafales incessantes et la
    mitraille,
Et l'horreur, sûrement, à te voir aussi calme.

J'ai encore les mains vides, sans scrupules, encore parler
    de moi
En ce lieu ou un autre, d'ailleurs, te nommer, ô Source
    de Paix,
Une énième fois, transformer ainsi ma vie.

Je crois, et croire est certes plus valable que le doute.
Mais cette ligne autour de nous, plane, étale, ce fouet
    sournois
Attend de nous étrangler, imposture de l'horizon marin.

J'attends le jour, j'écrirai: Terre! et nous mettrons un
    genou sur le sol,
À l'entrée du temple, une eau sur le front, tête baissée,
Je me tairai, je le promets, je me tairai pour entendre Ta
    Voix.

XIX

Ce chemin de retour n'en est même pas un,
J'avais voulu une voûte verte, et non l'eau bleue,
    ennuyeuse,
D'une noyeuse d'hommes, mais des branches dures,
    enlaçantes.

Lascives forêts de l'Orient aux formes fermes,
Feuillages frivoles aux mille voix, jardin du monde, la
    nuit,
Danser en ronde autour du feu, s'offrir le feu.

Ses bras dans le vide, je n'ai même pas aperçu la
    courroie de sa chaussure;
Faut-il se rompre l'échine à se pencher si bas?
Si bas que nos chevelures s'entremêlent en rêve?

Surtout, sa poitrine en sursis, le sexe voilé, l'écran est
    éteint,
Le rythme a repris sa course, les bois trônent
Parmi les instruments de musique, le tronc fièrement
    redressé.

145

Elle est revenue, la beauté, on ne peut la chasser,
La congédier bêtement; elle rappelle à l'homme sa
    fuyante parure,
La morsure du hameçon, la texture du bas-ventre.

Le coude est massif, une souche où se cachent les guêpes,
Où se couchent les bûches; sous la hache, le coup est
    rapide,
Et sans attendre, être une éclisse.

Ce chemin de retour n'en est même pas un,
C'est la mollesse d'un lit d'hôpital, l'ennui turquoise des
    yeux teutons,
Et là-haut, dans le ciel, pas même une seule incantation.

XX

Je sortirai d'ici, de ce non-lieu, le lieu commun humide
    du large,
La rondeur du lointain, la fausse spirale du facile,
Le repos rectiligne de ceux qui oublient.

Je veille. Autour de moi, ça ronfle, ça râle, ça se gratte
    là.
Ça oublie. Oh! ma patience! j'ai voulu la sauver, je l'ai
    perdue;
Ébranlées ses fondations, c'est l'échec.

Ma patience usée jusqu'à la corde. Le fil est si ténu,
J'ai aiguisé mes dents, intolérant; mes ongles,
Entre eux déchirés. L'élève opiniâtre s'est écarté du maître.

146

Ô Bienfaisant! j'ai voulu apprendre l'amour, je l'ai
  repoussé;
J'ai voulu parfaire mes connaissances, j'ai connu mes
  écueils,
Mes défauts, ma façon de trancher le fruit.

Je file sur une surface lisse, voilà ma punition:
Loin des montagnes, des vallées, du désert et de son
  oasis,
Loin des clairières au creux de la forêt; loin de Ta Voix.

Suis-je digne de ces liens de filiation? de ce foyer que
  j'habite?
Suis-je digne d'écouter ces hymnes sacrés,
Nourri de ce feu purifiant, exclu des confréries officielles?

Je sortirai d'ici, voilà que tu repasses dans ma vie:
Désir, beauté, convoitise, quel que soit ton nom,
Je renonce au cilice, au fouet, à ma place chez les anges.

XXI

Avant de me perdre dans la nuit, avant d'englacer ma
  conscience
Et ma crécelle, je tourne mon regard vers Ton visage,
Ô Louable! et cette obscurité m'est salutaire.

Ô Noble et Unique! forêt nuiteuse, impénétrable zone
  d'ombres amantes,
Noirceur originelle d'où le germe croît,
Je Te demande un accueil, un simple baiser sur la
  bouche!

La lumière n'est possible que dans ce néant,
Le Son engloutit le vide, tout se confond, et s'il faut un
     réveil,
Les bras et les jambes se noueront les uns aux autres,
     lourds.

La périphérie, un autre contour, et le vent s'agite,
Tellement qu'il menace encore de tout brouiller,
De mélanger l'aube et le crépuscule, la terre et le feu,
     l'air et l'eau.

Je m'allongerai en retrait du cercle, près de la marge;
C'est là que je veux dormir. Je n'ai aucun projet pour
     demain,
Vois-tu, nos membres sont ailleurs.

Les voix se font graves. Les dernières lueurs se sont vite
     épuisées.
La vie a trop de sens, en plein midi, l'ordre des choses,
Les cycles basculent au fond du puits.

Avant de me fondre dans la nuit, dans le Jardin,
J'écoute une belle voix parmi les oliviers; quel sens
     a-t-elle?
Je crois, je veux croire que je peux m'unir à Sa prière.

GRÈCE (mont Athos; Météores; mer Adriatique),
          du 4 au 18 juillet 1992.

148

ÉPILOGUE

Le retour

Yahvé dirige les pas de l'homme:
comment l'homme comprendrait-il son chemin?

Proverbes 20, 24

Celui-là seul revient, qui n'a pas achevé sa route:
aucun de ceux qui sont arrivés à l'union n'en est
revenu.

THAUBĀN IBN IBRĀHĪM DHŪ'N-NŪN MISRĪ,
poète égyptien (796-859)

I

Fuir! Creuser de mes mains deux trous dans le sol, y
    mettre les pieds,
Les recouvrir de sable rouge, y vivre une chaleur moite,
Attendant ces marées qui dépassent les cathédrales
    érosives.

Arracher, puis déchirer les pages! Décamper!
Renier, trahir, tourner son dos contre le ciel,
Le visage contre la terre, la race humaine contre soi,
    cracher!

À sa suite, un autre trébuche dans l'ignoble creux
    sédentaire!
Chiffres! enchaînez vos victimes pâles, vos regards
    hypocrites
De vainqueurs cireux, vos grandes palmes de janvier!

Je ne vois parmi nous que la caricature hideuse de la
    liberté,
Nous en épions le frémissement glacial, oh! puissiez-vous
    hurler,
Impatiences des graisses lourdes, horribles rouilles et
    balafres!

J'ai pris dans ma main droite un morceau de silex,
Au contact de la roche s'est fracassée la vitrine, et
    derrière:
Le faux, son ignorance de plâtre, la paille aux flancs,
    s'infecte.

Le poète a fendu sa lèvre à dénoncer l'assiette vide
Et l'esprit creux. Oh! que s'enflamment nos témoignages
De petits cailloux, de petits grognons, de petits racistes!

Fuir! J'ai creusé de mes mains sales deux trous dans la
    pâte à pétrir,
J'ai souillé votre éloge, j'ai vu tant de choses,
J'ai vu parmi nous la bassesse du sursis, le pillage du
    jardin.

II

J'ai vu parmi nous et de tous temps croître l'ivraie,
D'un continent à l'autre, sur la mer du soupçon,
L'odeur de notre linge attachée aux migrations des
    cactées, des tumeurs.

Mon visage, le reconnaîtrez-vous pendant l'alliance?
Pardon, je ne m'adresse pas à vous, je pense tout haut,
    et midi sonne,
Et se ferme le poing, gorgé de sables et d'holocaustes.

Bien sûr que la foudre a frappé! l'émeute m'a fait perdre
    la raison.
Le chemin de halage protestant la maigreur du tribut:
Échoué comme une algue sur les missives voyeuses.

Herbes avides au dessein de flambeaux,
L'horizon m'est une incise au flanc, une entaille lustrée,
Un précurseur, l'annonciation déréglée sous des volutes
    anthracite.

La salive à la glaise confondue, aux airs de braises et
    d'épées de bronze;
Chaque orbe en ton corps projette une ombre
    innocente,
Comme un vœu l'odeur du cuir charnel; sous l'aile,
    l'asile frileux.

Prompte est la nuit quand la rupture te fauche,
Nous veillons, nous nous joignons au chaos,
À l'effritement d'un dé mâle aux alvéoles lascives.

J'ai vu parmi nous croître l'immonde, l'écart molesté,
Présence de l'ulcère aux gorges athées, mon siècle,
Pâture aux colchiques venimeux, logis des cendres mus-
    clées.

III

J'ai vu au milieu des ronceraies se dresser
Ceux qui font contrebande de paresse, nourris de décibels
    pourpres
Et engourdis en plein midi quand les assiste l'envie.

Ô splendide message de l'islam! Vérité suprême!
Dans l'unique sens du mot! Sous vos chemises fines de
    cendal,
Poitrines parfumées d'aubades émissaires, je pose la joue!

J'effleure des lèvres ce qui s'abreuve de sables et d'épines,
La flore vigoureuse de vos géographies allusives,
De vos méridiens tendus à se rompre un soir d'orage.

Ô canicule! tes biceps mielleux m'engluent dans l'exacte
    concision
De notre aisance de bêtes! Et vous nous épiez, vous nous
    surveillez,
Vous vous appliquez à nous inventer d'illustres intimités!

Qu'importe! Si votre panache m'est indifférent,
C'est pour ne pas m'en souiller le talon.
Je flaire le passant, l'ourlet profane, les mains déliées.

155

Altitude des présages, la marge novatrice est un seuil de
    brume,
Et personne sous les draps; une hanche est venue,
Puis une ode s'est cassée sous la langue.

J'ai vu au milieu des ronceraies se dresser lourdement
Ceux qui s'enracinent dans des fauteuils d'hiver,
Confondus aux pulsations de l'ancre et du lest, de
    l'alcôve, du pavé.

IV

J'ai vu, je verrai pour toujours, pour l'éternité, la charité!
Hommes hélianthes! Et mes chaussures se reposant,
Royales poussiéreuses, la nuit, près de ton lit.

Et pluvieuse la pièce tissée dans la chambre,
Dans son cadre de chêne enfiévré, s'étarquant dans
    l'accueil
D'un souffle nouveau, au milieu de nos ablutions
    complices.

Semer autour de nous le lys rouge pour éloigner
Les rongeurs de pierre ponce, équarrir les pieux du
    songe, et ne jamais,
Le genou en terre, prodiguer son regard aux pleutres
    ternes.

Engendrés non pas créés, de même nature que le feu,
Nous soudons à nos mains l'offrande minimale des
    hommes libres,
L'éclosion de la corbeille d'argent et du souci d'eau.

Nous nous frayons un chemin par le silence et par la
pluie,
Inexpugnables amants que n'atteignent ni l'inquiétude
Ni la solitude en pleine face et de plein fouet.

Et des silhouettes nôtres, baveuses, nous encerclent,
Et fuse un départ qui ne saurait tarder.
L'amour à faire exclut le jeu, les ténèbres fuient,
l'étincelle reste.

J'ai vu, je verrai pour toujours, pour l'éternité, la charité!
Je refuse vos ingratitudes mesquines, vos tonitruantes
envieuseries,
Vraiment, je crache dessus deux fois plutôt qu'une!

V

J'ai vu tant de petitesses logeant chez tant d'énormités!
Risibles figures, gonflées comme le récit de nos rêves,
Nos enfants crayeux torturent le bon sens à excès.

S'il tranche, mon propos, et si l'amertume nous fend
l'âme,
C'est que nous en sommes rendus à nous lécher le blanc
de l'œil,
Vous, scribes miteux, esclaves qui oubliez, et moi qui
m'avance.

Et nos opinions s'enlisent dans les fossés d'autoroute;
Notre langue d'asphalte et ses bourrelets de dégels
successifs,
Nos mots en panne varlopent, nivellent notre orgueil.

Ô nous! nous en sommes là, nous! nous sommes si
    pleins de sommeil,
Trop pleins d'inaction, si loin de la Source! En notre
    visage crispé,
Acide, le reflet de celui que nous répudions.

Oh! et pourquoi ces paroles violentes, cet accès de
    fureur,
Ces chiens déchaînés? Je passe au milieu de vous
Sans toucher une seule de vos cordes vocales.

Je suis déjà trop loin de vous, ma chair fut arrachée
Un jour d'éclipse, j'avais trop désiré pour vous, pour
    nous,
Une vie irréprochable, un flamboyant exemple de
    nudité.

J'ai vu tant de petitesses logeant chez tant d'énormités.
    J'ai trop rêvé,
Je rêve encore à vous, debout sous une lumière étrange,
Je rêve à nous debout, me faut-il l'écrire? resplendissants
    de dignité.

VI

Mais j'ai vu trop de choses, j'apprends l'art de capituler,
Vous me faites taire, et ainsi, sous une froide pluie,
    j'abdique,
Et je murmure pour moi-même la peine du lion blessé.

Je réclame un seul rayon de soleil, en pleine nuit,
Pour moi seul, et je le reçois en plein cœur.
Je ne réclame plus pour vous que l'arsin dans mon
    sillage.

Quand je fuirai, oubliez-moi comme d'autres ont oublié
    leur chant,
Leur histoire, leur patrimoine en débris,
Les lignes de leurs mains, le giron déserté de leur
    mémoire.

Infidèles! je vous rends l'habitude de la plainte et de la
    mendicité,
De la paresse et du laxisme. Je boucle un sac de plus,
Je fais des croix sur des plages noircies d'écumes
    encrées.

J'accorderai mes verbes dans le désert, au centre du
    monde,
Le corps noué à la pierre changeante du relief, dans le
    désert,
Soumis aux extrêmes pirateries des hommes.

Mises au pas par tant de bénédictions salines,
Ces familles lancinantes, devant elles je m'incline en
    silence,
Le dos tourné à l'argile, au cyprès, à la mer.

Mais j'ai vu trop de choses, j'apprends l'art de capituler,
Vous me faites taire, je repars à zéro, tels sont ma chance
    et mon salut,
Fermez, fermez la porte, vite, avant que je n'en fasse
    sauter les gonds.

VII

Le poème ne m'appartient déjà plus; la signature,
De l'encre encore fraîche entre vos mains souillées,
Pardon, je vous ai pris pour quelqu'un d'autre.

J'ai erré parmi vous, croyant pouvoir m'unir à vous, par
les mots;
Je vous l'avoue, je n'ai erré que par amour pour l'errance,
Et voici qu'en vérité je vous le dis: je n'ai pas fini.

Un soutien inébranlable m'active, et jamais sevré de départs,
Malgré l'erreur, la déroute qu'engloutissent le souffle
Et la marche, je repasse, j'arrache l'écorce des ifs.

Un jour j'irai, un peu plus écorché, convaincu que la
quête continue,
Ses épaules larges, sa main infaillible tenant allumée la
lampe,
Et d'un sourire sournois je le clouerai au bois.

Ô mon élu! nous serons le langage tragique de l'augure,
Le fiel apaisant de la poussière ceux qui traînent leur
croix,
Crépuscule et masque luisants de l'oracle, nous serons
fiers et soumis.

L'arrogance ferreuse des amants sera nôtre jusqu'au jour
corrosif
Qui nous guette, et notre rire d'en retentir plus fort,
Car l'attente se cassera, sinistre branche stérile, sous nos
coups répétés.

Le poème s'évanouit, oh dépossession! tout m'échappe:
l'errance,
L'ébauche d'un échec, ma vie entière s'égarant, courant
à sa perte,
Comme un chant du cygne dans le miroitement des
sables nomades.

Rivière-Verte, Acadie,
du 30 juillet au 1er août 1992.

160

Tous les hommes voudraient cheminer
sur la route de la Connaissance.
Cette route, les uns la cherchent,
d'autres affirment qu'ils l'ont trouvée.
· *Mais un jour une voix criera:*
Il n'y a ni route ni sentier!

OMAR KHAYYĀM,
poète persan (mort en 1132)

LA TRAVERSÉE DU DÉSERT

— M'arrêter en chemin signifierait privilégier ce che-
min au détriment d'un autre. J'avance, incertain.
L'avenir, je le sais désormais, est sans traces.

— Tu mourras, pourtant, en chemin.

— Qu'est-ce que la mort où il n'y a plus de chemin?

— Peut-être l'attente, peut-être encore l'oubli du
chemin; nuit de l'indicible et absurde errance.

EDMOND JABÈS

Il savait le chemin et la patience
le paradoxe et la mort
l'odeur étrange des souvenirs usés
le goût inutile de l'errance.

TAHAR BEN JELLOUN

à mi-corps sur le seuil

Dans ma chair comme un Appel, la voix du désert. Autrefois, celle de la mort, l'attirance exclusive de la cécité, l'altérité, l'étrangeté du Verbe au seuil de l'erg, et bien que peu profonde, l'eau de la source, y errer.

Attentifs aux traces qui ne s'impriment pas, qui s'effacent à partir de l'idée même de la trace, attentifs aux excès des signes, mes pas, peu à peu mes pas faussaires, efficaces, filent insensibles à vos sanglots.

Et mon devoir irréprochable, accaparant, je te le rends, je remets à Dieu ce qui est à Dieu, ma vie, ma fatigante existence et son essaim de paroles creuses, l'escarpement dévoyé du regard de l'un, de l'autre.

Abstraire ma solitude dans les sables mouvants, ne jamais reculer mais m'enfoncer, et me suive qui voudra; j'ai voulu préserver ta place à ma droite et tu m'as fui, moralement aimé des tiens qui te trompent.

Tremblent mes cordes vocales, plus aucun vocable ne vibre, projetant de très loin ma voix qui se heurte au rire du destin, je fomente ma propre destruction, mon dessèchement discursif, mon âge disloqué.

L'Ange lutte contre moi; la nuit, nous épinçons les draps, le teint hâve et la chute lente, l'un sur l'autre à nous repentir de notre rupture, et ma tête tombe, lourde, et racle l'écho, répercute mon nom dans le vide.

Le désert n'est pas la mort, je ronge les racines de la vie, je mendie la plénitude du corps et de l'âme, je vis la présence tangible du Son, je m'extrais du silence vôtre, indolent, et j'appose à ma bouche le nœud.

1. miroitement

I

Me voici: adepte des ruptures fauves, à nier le lien,
Et le désir me fauche et m'enjoint, âcre, au manque;
Le vaste appétit de tes hanches brutes, ferreuses,
   m'obsède.

Et la vive soif du désert, ton rêve, ce nœud dans la
   gorge,
La soif du monde à éprouver, l'eau flâneuse de
   l'homme,
Ô soif! la soif de l'homme et la soif du Dieu de
   l'homme!

Je pars: c'est ainsi que vous m'aimez, mes amis;
L'errant se dirige vers la mort et c'est l'amour qui l'y
   mène,
Vous aimez le risque en lui de la mort qui l'attend.

J'aime, dans vos mains, le peu de ma vie qui s'échappe,
Et j'aime la vie dans les membres minéraux, belliqueux,
Du vigile, sa vanité à la nôtre confondue, vivace.

J'aime voir en votre œil, ô mon âme! votre départ;
L'adieu y germe et m'attise le feu, et votre décidence,
Votre image en déclive et l'ardeur opaque du cerne.

Qu'il dorme! le tronc fier, un pied au sol,
Les bras repliés sous la nuque et la génuflexion latente!
Ô mon élu! ce goût de sel au palais, ma langue là où se
   lève le soleil.

Je serai le reflet de l'ombre, et nul besoin de tendresse
Quand s'accomplit l'écriture; au lieu d'ailes tes mains,
Mon dos soumis à tes mains, le visage à plat du côté de
   ton cou.

II

Tous mes sens convergent vers la nuit, on m'appelle:
Des voix mélodieuses, modulantes, caressent les sept
    collines,
Superposées dans le plus sublime contrepoint.

Les versets atteignent ma fenêtre, et je loue Dieu pour
    l'olivier,
Le cyprès, le cèdre, pour l'infime goutte d'eau,
Éclatant, déroutant lingot d'or, pour mon bonheur, pour
    ma sérénité.

Le grain d'orge, l'épi de blé, la pomme de pin: et tout
    près,
La présence du sable; en attente, le sursis de la suffocation,
Et demain, le soleil d'inciser le salut.

La vie, l'état complet de la vie; la source, plénitude de la
    source;
L'accueil, les tessons de l'accueil; la parole insécable,
La parole périmée de la vie, de la source, de l'accueil.

Extraits des mains du modeleur, mon honneur, ma
    noblesse,
Exhumés de l'oubli, ô traces! les solives du mythe
Exposeront sans relâche l'habile apanage de la rétribution!

Et s'agitent les dunes fulgurantes des fuites, des échecs,
De la chute de l'homme, et se brisent les genoux
Dans les ruines opaques de l'alliance, la genèse du doute.

Accablée, ébranlée, insolite, occultée, unifiée, la terre,
Le sol usurpé, obsolète, immolé, effrité, attristé,
Sous les pas se dérobent quand se lève le jour, quand
    tombe la nuit.

III

Le sable alourdit mes chaussures, dans ma main,
Les fragments éteints de mes prédécesseurs, dans l'air,
Le son d'une flûte en accomplit le mystère.

D'un geste. À séparer la lumière des ténèbres,
À démêler les torons du cordage, à interrompre, actif,
Le décours du temps, de l'écriture, de l'amour. D'un
    geste.

Et flotte aussi l'odeur enflammée du basalte,
L'air a façonné le corps, le corps émergeant, froissé,
Des buissons d'épines, des feulements, des hachures.

Noire est la chair à canon; les courbes fermes
Sous la toile bleue se dessinent, tendues sur la cuisse,
Le port de tête noble, et fier, et feu, la hanche.

Lumière est le désir à l'affût, le fleuve griffu,
La phrase arrêtée sur la lèvre inférieure,
L'effort avisé incitant au silence, géographique absence
    de l'élan.

La peau brûlée, sommée de se rendre à l'épave,
La peau meurtrie sur les roches, s'érodant,
Suffisant à la mort, fusionnée à l'oubli, l'eau s'est enfuie.

L'eau s'est enfuie. L'étreinte a sonné; puis-je Te prier,
Ô Généreux! revenir vers Ton cœur où reposer ma tête?
Ma main, Son épaule, et s'enfuit la douleur.

IV

Et ce corps, ce corps est si frêle qu'il ne peut supporter
  la lumière,
Tant de lumière et tant de beauté,
Tant et tant de gratitude, et ce corps avisé désespère
  d'aimer.

Suspendu, le rayon du soleil, une lance au-dessus de sa tête:
Blonds les cheveux, l'œil asséché par le vent,
Serait-ce le tourment? à bras le corps l'écraser.

Allusive l'étreinte du regard, bousculer qui veut payer le
  prix;
Ô silence mâle échangé pour la claie!
Oh non! plus jamais l'occlusion des soupirs et des muscles!

Excepter le mouvement, et dur, saccader le réel,
Excepter l'aventure, découplé par l'azur de la faux,
Je m'incline, le moule est profond et je baise ton pas.

Je baise le reflux de tes hanches, et le crépuscule coule,
S'épanche au creux de l'exsangue épuisement,
Le laurier-rose témoignant du talus, dans la poussière.

Dans la poussière, toujours, mais dans la lumière, aussi;
J'ignore ton nom et l'échelle à grimper,
Et je sais malgré tout ces limites, oh! et ces ombres vaines!

Oh ma fièvre! oh mes obstacles! esquissée la caresse,
L'heure est au loup, je risque une jambe à casser;
L'oubli, la douleur, la peur sont une étrange folie.

V

Le vent, la mémoire du vent, les os jaunis du vent
Patinés par l'histoire; la lumière s'enracine
Dans la rose des sables; l'iris participe à l'aiguisage des
    flèches.

La porte de pierre a roulé, j'avais ouvert les bras pour
    mieux crier,
Pour mieux m'éreinter, pour mieux éblouir l'éphémère,
Et sous l'ongle le sang m'a servi de parure.

Venu le temps des heurts, des murs ébranlables et des
    toits démolis;
C'est un enfant pauvre, une pierre sous le crâne, et ses
    mains,
Les osselets sous les coups répétés de la bêche.

Oh! si peu! si peu de foi suffirait à transformer le jour!
Je respire l'odeur des moissons, l'odeur sèche du matin
    affolé;
L'épine dans la chair amortit son impact, assourdit
    l'innocence.

Le bruit de l'eau. Le bruit rare de la pluie soulevant la
    poussière
Des villes; le bris de la vie sur l'épaisse muraille de l'aveugle,
Sous l'étanche inconscience qui nous ronge.

Nourris de silex, gavés de pestilences et de contrariétés,
Les hommes lourds à l'ourlet plombé disparaissent,
Engloutis par la raison insondable des abris de fortune.

Je reste à pleurer; que voulez-vous? que je m'amuse?
Que je mente? que je tue sans crier gare un insecte qui
    passe?
Je renonce aux sillons, aux écluses de l'anxiété.

177

VI

J'ai perdu une adresse, un lieu, un nom de personne;
La main de Dieu sera mon viatique, par voies et par
    chemins,
La musique partout me suit, que Dieu a créée.

Pour mon bonheur. Pour le bonheur des hommes.
Pour l'amour de Toi en moi retrouvé. Pour l'amour de
    l'homme.
Pour l'amour et pour l'homme et pour la vie,
    al'Hamdulillāh!

Et merci pour la houe dont nous strions le sol,
Et merci pour le pic et merci pour le seau; ô pommier!
Nous reviendrons te prendre pour te sauver du déluge.

Et nous prendrons aussi la fuite;
Mais par quelle route accéder à l'éclat d'une lame,
Aux sanglots de la femme épuisée par le deuil sous son
    voile noir?

Dites-moi les accords des arches brisées, des coupoles vertes.
Tu passes, pleine lune, derrière le minaret des offrandes,
Et prosterné je me confonds au sol.

Au sol meuble des fosses; tandis que vous respirez,
Au sol terne de l'oubli j'esquive les menaces,
Les outranciers enlisements du délire, les malaises de la
    vitre.

Et mes genoux se plaignent de cette dureté;
Sous ma fenêtre chantonnent les enfants égarés, la
    Palestine à venir,
Ô nuit! tes étoiles ont fixé à leurs yeux la splendeur de
    l'envol!

VII

L'eau de la paix. Sur des lèvres basaltiques pèse un souvenir,
Dans l'œil l'eau, l'eau du Jourdain
Lisse l'âme et l'accueil, au cœur, à désirer la paix.

Vivons la paix dans la main tendue, le sourire généreux
Et la danse facile, la main tendue, délivrée de la
    mendicité,
De l'affront, de la gifle, dans la solidarité des mains déliées.

Offrons la paix; la lumière entremêle nos semences
    joyeuses,
À nos fronts la tresse de rameaux d'olivier
Et sous les pas, les palmes, et l'amour dans nos gestes.

Et l'amour dans tous nos poèmes et l'amour qui dit vrai
Quand il dit *je t'aime* entre les pôles de la Terre,
De l'Atlas à l'Indus, l'amour, sa voix qui appelle.

Sa voix qui appelle au milieu du désert,
Nous l'entendons depuis le calame, depuis les tablettes
    d'argile,
Depuis l'écorce du bouleau: c'est la voix du berceau.

Oh! la saveur de l'amour quand les villes murmurent
    dans les champs,
Aux flancs des collines, traversées par un fleuve de
    soieries et de calme;
Ô paisible effacement!

Et les ruines s'enfouiront sous le sol et nous les lui
    laisserons;
Et l'espoir qu'à la surface règne la paix, pour jamais
    l'espoir est écrit,
Et l'espoir de la paix plus jamais ne nous quitte.

VIII

À la musique je dirai: *feu!* et reviendra la flamme
Dans la prunelle de l'albatros et sur les glaives, courtisant
    l'incendie;
Nous serons aussi de retour, nous, le lieu, nous, la
    formule.

Et chante l'islam; si le corps est une flûte, c'est que troué
    de balles,
De jurons, de regards mauvais, de déportations:
Je me souviens soudainement de mon nom.

J'ai vu la pierre dans une main qui visait le soldat;
Les coquelicots dans la plaine de Madaba; les collines
    dénudées
Du pays de Moab; les cèdres de Jérash; les crachats des
    violents.

Et cette musique est fameuse, elle court dans le ventre
    des hommes
Et les pousse aux plaisirs solitaires de la mort;
J'ai vu dans sa main le sperme nacré des octaves balèzes.

Et sa voix, et sa gorge remplie de sa voix, et son chant
Qui remplit sa gorge de sa voix, sa bouche éblouie sur la
    mienne
Et là, sur mon épaule, à me lécher l'oreille de ses râles
    voraces.

La musique des râles, le chant musqué de son pouls
Lui soulevant le torse, la chair de son torse, le cher
    apparat
De son tronc au baiser des cuisses, oh si! j'aime sa
    musique!

Tout autour l'aboiement réprimé, la minuterie affluente
 du meurtre,
La foudre rythmique de l'arme blanche,
L'affaissement de nos croyances austères.

IX

J'aime les bavures du chaos, les stridences aux confins de
 l'inouï,
Les folles crises du désordre, les enlacements hérétiques
Des derniers mots, des chevrons qui nous font saliver.

C'est que je t'aime, danger, et ton étreinte menaçante
 m'enlève
Et me jette sur le lit des esquisses instables,
Dans les draps des truands, des singulières escroqueries.

Que s'éloignent le repentir, la contrainte et le comput
 du Temps!
Que s'éloigne l'orgueil érudit quand s'élève le complot!
Ô vacarme! plagiat de la houle, de la grêle, de la chaux!

Vacarme des ronces et vacarme des chardons!
Dans la brillance des craies, des métaux, des écrous,
Nous puisons notre affable démence et le frêle pardon
 de l'absence.

De l'absence comblée d'oisive amertume, d'éclipses
 totales, de nœuds;
Les dunes entrevues me rabaissent à tes reins minéraux,
Mon éclat, ma souillure épurée, va! empereur du secret!

Je te suis asservi, ô despote ascendant! mes gestes te
    suivent
Et se calquent à l'abîme, ivres de racines occupantes
Quand nos salives découvrent leurs vertus.

Indicible, que n'es-tu ce doigt sur mes lèvres,
Ce corps plein de tumultes apiati sur le mien
Au centre des mythes vibrants, ocreux rochers fulgurants
    de ma chute!

X

Tout retour est imposture; le seul voyage existe,
Le déplacement des altitudes et des venelles cramoisies;
Je ne pense qu'au départ, qu'à l'aventure ébruitée des
    nuits communes.

Nos cieux communs, ta voûte immense au-dessus de ma
    tête;
Tes mains étoilées me cueillent le souffle des vêtements,
Ton passage au jardin fait s'éclore les parois de
    l'étreinte.

Ces mains lascives qui de toi me parviennent,
Ces mains qui me prennent l'orage au cœur de la sève,
Tes yeux s'y méprennent: ce corps nu, ce bosquet de
    jasmin.

Ah! le roulement de l'espace! le déroulement de nos
    spasmes,
Le délicieux complot de l'insomnie, la douceur, la moiteur,
La délinquante harmonie de l'insomnie.

Les yeux bleus de la nuit qui me guettent
Et le sourire de l'homme attablé dans un coin, j'élève
    son désir,
J'anticipe le dévoilement de l'encolure et des hanches.

Parfaire mon regard, l'apposer sur sa porte, sublimer la
    feinte
Au tournant, quand du menton le signe est inscrit,
Rugueux, dans les gauches méandres possibles.

Et je ne résiste pas à ce qui me déplaît,
J'accumule des vertiges et les cils s'allongent, embrasés,
Aux allures de cyprès inclinés, je déploie quelques charmes.

XI

Résister à la terre: vaine attitude et dénégation.
Je préfère le cortège des ardeurs païennes, des contacts
    primitifs,
Et le cru miroitement des sables nomades.

Ô couleurs! je vous somme d'obéir à l'écueil!
Sinon mon ventre de se tordre quand l'ampleur
    s'anime,
Sinon mon séjour à refaire et l'amour à siffler.

Il prend la pose du clignement des paupières
Quand une solitude, une mince, une seule solitude
    l'empoigne;
Il n'ose, oserait-il? me demander de l'aimer pour une
    heure.

Élégantes courbes des fascinations! J'y adhère sur parole,
Et non! je ne suis pas au centre du discours,
Son silence excite mes réserves de caresses et d'effusions
    sacrées!

Les écluses sautent, le muezzin n'y peut mais;
J'entends les paroles insistantes de mon choix,
J'éprouve le doute et ma vie bat son plein, s'accomplit.

Plénitude de l'homme, à lui toucher la source du Son,
Le but du poème est de respirer la présence de l'homme
Éblouie par la grande beauté de son chant.

Par la beauté de son cœur, et par la beauté de son corps,
Par la beauté de son âme et par la beauté du monde,
J'appartiens à Dieu par la beauté de l'homme.

XII

Ta grâce condense en moi les attributs du désert:
Paroles suaves et reconnaissances, déhanchement du
    regard,
Magnificence du bronze, de ta chair de bronze et
    d'amande.

À chaque vers le poème se tourne vers toi, mon otage,
Souscris à l'ardeur incommensurable des gestes, j'insiste,
Improvise l'enclave éloquente, j'insiste, pose ta main sur
    ma cuisse.

Pose ta main sur ma bouche, et repose la tête
Où le rêve prend feu, mon soleil massif, mon élu,
Mon ami entrevu dans le monde d'en bas, un cerceau à
    la main.

Nous prendrons place au banquet des insultes, nous, les
    justes,
Complices d'ablutions opulentes et de cendres latentes,
Ô visage des pierres! la lumière s'est donnée à vous et
    vous en frémissez.

Sous la fine surface du sol se cache un sauvage appétit:
La mémoire se dérobe, nous ride le front et nous
    versons des larmes;
Je sors dans la nuit pour y trouver l'écho.

Je sollicite la ressemblance, je m'étonne des nombres,
Du sens des nombres et de la prose inutile;
Le contour me suffit, et ses armes obliques.

L'échafaud se dresse pour nous, à contre-jour, ceint de
    béton,
Nous traversons la place en riant, ignorant ses menaces.
Mon cœur, érosion des murailles de la ville.

XIII

Ta venue mise en doute, mais te voilà,
Cheminement aux arcatures dévoilées, je te fais signe
Et du coup je m'enlise, l'espoir, l'espoir qu'une nuit me
    dissolve.

Qu'une nuit efface l'image qui m'habite, et vidé de mon
    souffle,
Qu'une nuit me transforme et qu'une nuit me sangle;
Oh! que vienne le cycle des métamorphoses!

Et que vienne, partant, l'offrande: l'eau rare au palais,
L'eau sur la peau, l'ossature du visible.
Mon paysage s'alimente d'eau vive, des fruits blets de
    l'audace.

Fragile, épandu sur l'autel, mon chant,
Mon tout dernier chant. *Vous n'y toucherez pas!*
La fièvre, la fièvre équarrie dans les feuilles de figuier.

Et l'encre abonde, l'appât de l'argile
Jusqu'à mon retour à la Terre me tyrannisera,
Je renierai la pâleur du papier, le temps venu, le temps
    de me taire.

Le temps de me rompre les pieds. Le temps de tomber,
Aveugle, face à l'irrésistible étincelle; les prodiges du relief
Au visage trahis, immédiatement accessibles.

Face à face, nos ombres parallèles, debout,
Nous attendons la vision du hasard allégé d'obscures
    fureurs;
Forts d'un noble attirail, souscrire sans tarder à la brutalité.

XIV

C'est que vous remettez en question ma liberté,
Ma virilité légitime; c'est que vous renoncez à la masse
    des mots,
Au poids des sifflantes sous la crue.

À trépigner d'amertume vous en êtes ridicules,
Faciès cireux épinglés dans l'éponge, ou dans l'air des
    moissons
Les ailes soustraites, revenons, revenons au début.

Là où se fane le brouillard. Où s'estompe l'éphémère.
Où finit l'avancement. Là où fermente le rigide,
La rigidité de l'esprit. Je me hâte, mes mains sont
  calleuses.

Je me hâte, j'ai une heure à rattraper, imbécile retard à
  remplir;
Le revers de l'enclos, tes bras, mon Dieu,
Ses bras qui se tendent pour mieux me briser.

L'étroitesse de l'appui, mon cœur, à quoi bon désirer,
À quoi bon me lancer éperdu dans ton champ, dans la
  bardane,
Dans les ronces, parmi les éclats phonolithes?

Je parviens jusqu'à vous, violences des oueds desséchés,
Des oasis calcinées que l'homme a soumises aux
  hoquets,
Je règne, je règne apatride et je règne sur le sang.

Je règne sur les mutilations, et pour l'instant, nul besoin
  de preuves,
Le poème est un sceptre. Serait-il la faucille,
Une brique fracasserait ma fenêtre et j'aurais la beauté
  des balafres.

XV

Alanguis je nous rêve. Rien, autrement. Alanguis,
Aux langues nouées, au vaste crépuscule et repus,
Nos corps moulés par les draps odorants de la fête.

Oh! désirer l'invasion. Provoquer l'invasion.
Mener l'invasion. Et de front me laisser vaincre.
Oh! puisse l'envahisseur me prendre et me trahir! —
    chante l'exil.

L'exil chante en vain, l'abandon me soutient.
Les gloses hermétiques de l'abandon me ravivent les sens,
Et je dois exiger de ta chair le tribut du voyage assonant.

Libidibeuses pâtures, événements substantiels:
Je réclame pour nos séductions l'excellence des étoffes,
Les courbes des routes en lacets dans les gorges éventées.

À brûler des écorces, des herbes mauvaises,
Un couple de dés falsifiés, aux carrefours, aux embuscades,
À brûler de colère sous le signe de l'alliance, partir.

Partir. Et remettre à l'arbre ses pages. Au vent ses propos.
Au soleil son eau. Et reprendre la route
Avant même l'émergence du tracé, égarant son plaisir à
    créer.

Vers moi. Vers moi ta ceinture à défaire.
Vers moi ton filet de rondeurs et la flamme ondulante à
    ravir.
Vers moi mon rôdeur, vers moi ton corps, l'impasse du
    miracle.

XVI

Bien sûr que la lumière a surgi dans sa droiture,
C'est un chemin tracé d'un rayon menant au centre du
    cercle;
Sans passé, sans avenir, debout dans la mort.

Dans la mort que n'est pas le désert; dans la mort fuyant
    ces os menus,
Le squelette minuscule d'un enfant exhumé;
Loin de moi le terrible masque sans yeux de la science!

Masque faux. Masque funeste en sa neutralité.
La mort est venue le troisième jour de juin, je l'ai vue:
Soixante-trois centimètres inertes, le visage tourné vers
    le nord.

Mon Dieu, quel est cet oiseau? l'effluence d'une lettre
    de feu?
Sans passé, sans avenir, dans le ciel bleu du Levant,
Une icône passant dans le vent, battant l'air de ses ailes
    menues?

Son chant dénoué, mon absurde tristesse questionne ses
    yeux.
Les yeux d'un enfant posés sur Babylone,
Nos harpes, nos chants, nos pleurs sur Jérusalem.

Je cherche la porte de la ville. En moi les ténèbres,
Les sillages symétriques d'un crâne à peine formé; mes
    peurs,
Mes faiblesses, les bâtonnets de ses doigts rompus sur ses
    reins.

L'univers me paraît rétrécir. Reprendre mon souffle,
Mon Dieu, reprendre la route le cœur endeuillé,
M'émouvoir de la voix d'un enfant jeté par ses frères
    dans une citerne.

XVII

Comment réconcilier ma paresse et l'humeur d'un
    faune,
Comment observer sa charnure sans voir double,
Découplé qu'il est par un contre-jour pâmant?

Debout, un genou devant l'autre et les courbes se
    gonflent.
L'opulent équinoxe de lumière m'imbibe de rêves ignés,
Ah! c'est un décret sur ma vie que l'ardeur.

L'ardeur libérant des noyades, l'ardeur de la terre
Dans ma bouche, l'argile à mâcher pour créer qui je
    suis,
Un homme, l'amant de la vie consentante.

De la vie pleine à ras-bord, comme le melon,
Comme la virilité accroupie du soldat dans les tranchées,
Comme le soleil du plein midi qui fait nocer nos têtes.

Et tout cela me sollicite: je suis prêt à défaillir à la base
    de son cou,
Son intimité au secours de la mienne, le goût de ses
    lèvres,
Et son souffle, aspirant mon ventre.

L'horizon sensuel du désert me trouble. Noué sur sa
    tête,
Le keffieh protégeant des stridences, des crassiers,
Des atlas périmés. Mes braises, barbelés de mon cœur.

Je reconnais tes pas, je t'entends qui arrives:
J'aimerais à l'instant que tu marches sur un quai,
Dans une gare, sur un chemin de halage, sans l'ombre à
    ta suite.

XVIII

Oh! ta somnolence limpide! longer ta rosée en éteignant
   la lampe,
Mon attente, une porte est fermée, lassitude de l'éveil;
Je veux sarcler mes habitudes et polir mes crimes.

Effiler un poignard, évoquer mes racines,
Repu des inondations mélodieuses d'un pays trop timide
Pour séduire les clameurs d'un seuil asséché.

D'un seuil amputé. Et combien arbitraire, la raison!
La superficielle raison de l'éloge, du prix à gagner
Au bout de la course, héritage succinct des tempêtes
   courtes.

Oh, j'en doute. Sa chemise, ce n'est pas moi qui l'ai froissée.
C'est le vent, mon imaginé, dompteur de l'effort,
Entassement des désirs salaces. Je me réjouis de douter.

De douter de son sexe, de douter de sa bonté. Comme
   un socle.
Sous ses pieds ébranlant sa carrure. Comme l'éclair.
Déchiré sur l'épaule métallique. Mon essor. Filer.

Le toucher onctueux de ses veines, oh ma blessure
   frémissante!
Faire fi des règles décentes de l'excès,
Aux millénaires se frotter l'échine, blessé frétillant
   jusqu'à l'aube.

À l'aube venue apportant le labeur.
La besogne quotidienne inquiétant l'écritoire; le
   privilège abrégé
D'un rachat par l'instase; et pour en finir, les relents du
   malaise.

191

XIX

La chaleur absorbant les passions, je lève la voix,
Le voile sur une beauté, les demi-mesures ne suffisent
   pas:
Bondir parce que cet homme récite mes cimes.

Mes cadences décimées par sa bouche. Mes élans qu'il
   ravale.
Nos sueurs, nos séquences, nos secousses; ingénus,
Nous faisons comme le feu, à genou, à grandes lampées.

À grandes enjambées confondues, enchantées,
Se consument nos bornes, nos piliers élancés vers le sel,
Vers le sel et le soufre. Vers la cendre et le sable.

Oh les sables! bientôt apparus sur le tapis de prière,
À la descente du lit, au bas d'un coteau.
Ombres rouges vous êtes, mes élégies, mes ramures!

Et je glisse comme l'archet sans me plaindre: le désert
   me suffit.
L'épuisement des feuillages fardant l'errance;
L'imprévu perméable du tourment, mes sources.

Rauques, rauques sources. Tristes ratures à rayer les
   fenêtres.
Mes choix qu'entre vous nous débridons, que nous
   déroulons
Comme des fougères, et notre printemps vous est
   inconnu.

Notre profil, notre passage au fil du plâtre décrépit,
Au vol de lucioles importunes, et nous savons,
Notre profil soumis aux villes folles d'évidences.

XX

Ne fais pas l'hypocrite: l'oubli te ravage, aimé des dunes,
Dans le cadre difforme des poursuites lentes.
J'ai vu pousser les piquants dans le ciel d'Azraq.

Les mains dans les poches. Les griffes aux façades.
À viser le néant, l'homme, et la vanité de l'homme.
Je t'ai suivi, les bras repliés sur ton ventre.

Ô les hymnes! ô les vertiges indolents des fidèles!
Nébuleux extraits des versets défraîchis! sur nos tempes,
Le laurier-rose, sur nos fronts pas encore délavés!

Plutôt le maintien des satyres que la cravate de chanvre!
Plutôt le soutien des biceps que de ramper dans la folie
    du hasard!
Plutôt l'ignoble tuerie du Taureau céleste!

Accablements endoloris, au mât que l'on m'attache!
Remises de peine, sinon je crains de délirer,
Suspendu au balcon des certitudes: oh qu'il s'écroule! à
    moi le ciel!

À moi l'indécis, je referme les flots. Les volets se
    détachent du mur,
C'est le rideau qui tombe dans un bruit de pantalon.
Une boucle de ceinture, une porte de prison.

Et la lumière fuit. L'instant d'un soupir,
La lumière fuit en mon corps: arrive au sous-bois, voyageur,
Que mes branches t'enlacent comme des algues
    sublimes.

XXI

Les airs pétrifiés des lueurs, suffoquant de poussières
    enfumées,
M'écartent. La foudre s'égoutte, inlassable;
Je veux tourner la tête vers l'entaille de l'iris.

Bonheur, qu'as-tu pour te défendre si ce n'est un flambeau?
Le volume du séjour, aux distances capables d'amour,
Que vaut-il, véritablement, le prestige, le prestige éclairé?

Oui, un pacte, celui des exploits fraternels, oui,
Le souhait sans vergogne des canicules persanes
Au sommet des murmures où hanter les vergers!

Mémoire! un frisson au bas-ventre, mémoire amovible!
Oh les sables à venir! Mémoire des sursauts
Parfaitement ovales, soyeuses caresses suscitées par l'usure!

Qu'elle nous revienne aux lèvres closes, qu'elle nous
    réveille
Derrière nos grillages fermés! Exténués, nous tressaillons
De tant de savoir, et nous évitons prudemment le calcul.

À l'envers de la rame, s'entortillent les nœuds.
Sommeil! que nous étonne le songe qui nous ronge tant,
Que nous satinent les huiles dans un gant de cuir fauve.

Le voyage touffu. Englouti par les pistes. Le souvenir
    émondé.
Dévisagé par une brèche. Véritable mémoire où l'amour
    se dévide.
Cambré comme les sables, je veux m'évader.

Ammān;
du 26 mai au 12 juin 1993.

2. sables

I

Le désert me traverse la peau, mon âme est sèche et
  pure,
La vie s'y cache. Pour l'unique réalité, la Tienne,
Ô Magnanime! pour la réalité concrète de l'Immensité:
  Te louer.

Devant la splendeur pétrifiée du désert: Te louer;
Rouge est le sable, et rose, la pulvérulence. Le soleil
  participe
À l'omniscience de la mémoire, ainsi que le lion, ainsi
  que l'ibis.

Ainsi la vie m'attendait au détour desséché de l'oued
  al'Mujib,
Creusé dans la nuit, dans l'opacité de la nuit créée,
Absorbée par l'insondable solitude humaine, chèrement
  acquise.

Parce que le visage de l'homme se morfond, blessé par
  l'attente:
Sa mémoire est comme un ouvrier injustement chassé,
Mais fort de sa dignité d'être lié au Très-Grand.

Parce que l'homme qui ne se connaît pas est semblable
  à l'escalier
Taillé dans la pierre de Pétra, en suspens, et stérile,
Et qui n'arrive de nulle part, et qui ne mène à rien.

Sous la voûte étoilée, son cœur, enrobé d'amertume,
Comme la pierre des plaines de Madaba, verdie de
  lichens;
Son cœur se durcit, se refuse, se renonce, s'interdit le
  brasier.

197

Ô mon errance! le fruit retrouvé, je t'aime!
L'Aimé descend au jardin, c'est l'heure. L'heure où le
   vent tourne.
À la brise du jour le mouvement érosif de l'oubli
   s'atténue.

II

Et Dieu part, et Dieu reste, l'inachèvement sur la lèvre
   inférieure,
Une goutte de pluie sur ta joue, mon étreinte,
Comme l'eau me transporte! comme l'eau mesure la danse!

Qu'il esseule la danse, mon soleil! aux origines du chant,
Mon soleil me ramène à l'éclat du monde, aux captivités
   andromorphes;
J'exulte! il nous faut nous quitter, le regard sous l'abside.

J'entrevois cependant vos décombres, à vous,
Multitude ternie sans histoire, à vous, finitude échancrée
D'un ciel hagard; ô portes! mirages sédentaires et reclus!

La chaleur est dense et sèche, mon amour déserteur,
La chaleur me berce et ton dos me fait signe:
L'odeur née d'un geste, ta sueur, l'huile d'olive luisant
   sur tes mains.

Tes mains énormes où convergent, immenses et rigides,
Les rayons de tes doigts; tes mains se tendent, se
   détendent,
À pétrir les chairs, les charnures pectorales de l'audace.

Les mains entre hommes emmêlées, mains ruisselant de
  fluides
Entre nos corps éparpillés dans l'extase nocturne des
  brasiers,
Dans la poigne éphémère du feu, ô ferveur! écoute
  l'Appel!

L'appétit des regards se frôlant dans les feutres de l'âme,
Ta lumière divine en moi se fond et je laisse aux familles
Le soin d'une honte profane, le fruit défendu.

III

Sable des sables, ma foi fait défaut; on a scellé mon âme
  d'un nom,
Je renonce au baptême, je m'en affranchis. Seul, seul
  avec Dieu,
Ma fenêtre lointaine et mon quai démasqué.

Plutôt que la pierre de l'autel, le soufi en qui fonder
  mon espoir,
Mon amour de la vie devant le Compatissant;
Les épines du désert ne m'ont pas meurtri les pieds.

Le souffle profond du sommeil de l'homme,
Houleuse est sa poitrine et mes doigts font naufrage;
Je Te cherche, Lumière, ses paupières sont fermées le
  matin.

Ses paupières lasses, elles laissent filtrer son rêve:
Je m'y prélasse, égoïste, et j'y verse des vers;
À l'instant ma mémoire les accueille, doux écrin
  salutaire.

Mon désir se replie sur lui-même, lové dans la paume de
  Ta main;
Mon Amour, trouble et opaque, essentiel,
Insouciant des formes parfaites accomplissant l'Union.

De la seule union, de la seule ponctualité possible.
Sagesse globale des formes, invincible Sagesse
Où me repaître des hanches de l'aube, en marche avec
  le feu.

Le feu de celui qui fuit l'effroi. Le feu de celui,
  magistral,
Qui n'hésite jamais à me nourrir d'images et de sons.
Le feu de celui qui s'infiltre, intime, entre mes lèvres
  fébriles.

IV

Me suffit-il de vous contempler, générosités des formes
  arides,
Plans embrouillés des horizons poussiéreux, buissons
  d'épines
Et pierres sous le choc de la houe, pour aimer?

Le désert me traverse la peau et j'avance, sur place,
Et mon cœur se dépouille, aspirant aux nudités éternelles
Des mains qui tracent des signes dans le sable crédule.

Quelle est la mort qui me guette? Hors des crevasses et
  des failles,
Mon destin, échappe-toi des griffes fautives de l'ordre;
Trahi mon cœur, saccagé aux lisières des geôles.

Le jour est venu, tu m'offres un fouet; je le noue à la
    branche de l'arbre.
À la perle je préfère un boulet de basalte,
Au roseau une dague et debout, je séduis la rupture.

Je séduis le silence qui me tombe dessus,
Pâle tiédeur des draps du Mashreq, mon pas se plaint
    des lenteurs
Sans accords, et je siffle, je séduis l'œil farouche des
    boucs.

Soumis aux morsures, aux étaux, aux sursauts des
    factions fratricides,
Les bruissements du vent soumis aux rocs hérissés se
    prononcent,
Attisent l'effet du mystère.

Attisent les mensonges, la saturation des mensonges
Enclins à nous ébouillanter la raison; le principe du
    déluge perverti,
Voyons, voyons la clarté de l'encre et son vœu.

V

S'approchent de nous les échéances; le support du
    souffle
Nous engagera-t-il à nous rendre aux limites d'un chas?
Je prédis les enluminures cycliques d'un livre effacé.

D'un livre sacré où Dieu part, où Dieu reste, méconnu;
La pleine lune s'annonce par la corne du bélier,
Et l'éclair était noble au pied de la citadelle, sa chair
    était moite.

Sa chair était pleine, aussi, et sa chair était noire.
Et je suis un peu moins seul, et je suis un peu plus
   homme;
S'accroissent l'espace des marges et la tension des corps.

L'horizon, un leurre? que je meure plutôt que d'être privé
De goûter à ses bras! À l'est, Bagdad est en flammes
Et la honte m'envahit, le silence immense de la honte
   me pèse.

Et la tristesse succède à la honte, le chagrin m'engloutit.
La route me semble si vaine; le mal inexorable des hommes,
L'arrogance, la cruauté systématique de l'Amérique
   m'affligent.

Les loups m'encerclent; ô Vérité! jusqu'à quand témoigner
D'autant de bêtises et de crimes? Un homme pieux, à
   l'aube,
Près de son camion, sur un bout de carton se recueille,
   se prosterne.

Le chant du muezzin me transperce le cœur: l'appel du
   Liban?
Le terrible appel de la désolation, l'appel du silence me
   somme
De me rendre où saigne l'espoir. À Jérusalem.

VI

Verrai-je les cèdres du Liban, les décombres de Beyrouth,
Les ruines de Ba'albeck? Non. Hypocrite et sinistre
   Amérique,
Une main sur la Bible, l'autre dans le sang, nimbée de
   haine.

Sable des sables, mon regard à l'ouest s'enflamme:
Le feu me crache au visage et l'affront me terrasse.
Mes choix limités, ma liberté menacée, l'Amérique me
    frappe.

L'Amérique de la haine, de la condescendance:
En route vers l'église, voici le temps des réjouissances,
Le Président s'est réjoui des pertes minimales de vie.

Du côté des opprimés écrasés par l'insulte je me range,
    ô Dieu!
Pour connaître les limites du pardon: délivre-moi de la
    colère
Et du mépris, du ressentiment, car j'aspire à la beauté de
    la mort.

Je veux connaître la beauté de la mort dans la sérénité;
Méditer devant les ossements éparpillés aux lisières du
    désert;
Admirer le serpent et le chapiteau du septième pilier.

Mon sang au creux de la main, vous l'offrir, ô ma raison!
    ô ma vie!
Soudainement raboteuses et soumises à l'incontrôlable
    Indicible
D'un Lien, d'un Lieu qui gouvernent mes pas.

Je verrai le sable s'unir à la mer sous le bleu regard des
    cèdres;
Je verrai l'homme sur la plage, il se tiendra debout, à
    contempler
Les rythmes sensuels, le déhanchement perpétuel de
    l'Immensité.

VII

Et roulent vos hanches, hommes inestimables,
Et se déroulent vos charmes et j'oublie la vigilance;
La peine à refaire, à consoler nos erreurs, nos fureurs
    forgées.

Je m'en doute: nous irons ensabler nos élans, notre essor,
Notre ombre infidèle; substances profanes,
L'obéissance au maintien masculin des consonnes me
    séduit.

Le désert me traverse la peau, la diligence des poussières
À haute voix m'appelle: nous irons ensemble revoir le
    monde,
Et nous apprendrons à aimer, à nommer les peuples.

À nommer les visages, les balises incertaines
De notre mémoire altérée; à nommer les massacres
Et les affres racistes; et vous, bêtises, à nommer votre face.

Votre nom souillé, vos voyelles ronceuses, vos faux
    témoignages,
Vos sévérités désolantes; votre nom public,
Votre doigt horizontal accusant les faibles de fausses
    perfidies.

Vos faussetés primordiales, je les relègue au jugement
    des faubourgs,
Des taudis, des bidonvilles et des rumeurs criardes;
Je m'abandonne à la houle, face au Levant, aux
    tempêtes de sable.

Je m'abandonne, à genoux, à l'osmose discrète des
   chairs.
Ta saveur sur mes mains dans la nuit me transmet tes
   clameurs,
Ô ma Source, ô mon total égarement, mon jeu.

VIII

Une couche de cendres fait le tour de la pièce, le long
   du mur,
Ce sont les traits burinés de la mémoire et l'absence de
   routes
Dans le désert; mon cœur, suprême abandon de
   l'aurore.

De l'aurore délaissée, le chant de l'oiseau frappe à ma
   porte:
Il m'entraîne à la dérive, le désir, vers l'encolure
   herbeuse du songe,
L'épanouissement musqué d'un débardeur vallonneux.

Et Dieu part, et Dieu reste; entre nous s'insinue la pause,
La trahison de celui qui me tourne le dos, j'oublierai
   facilement
La pleine lune dans les ruelles d'Ammān, j'oublierai le
   souffle.

Le souffle de l'homme à gravir les marches roides de la
   ville;
Le souffle du vent sur le cou; le souffle des chairs
   grillées,
Du charbon, du safran, des déchets, des âcres égouts.

Le souffle d'un autre voyage. Sur place, désirer repartir,
Annuler la douleur du retour et la fièvre originelle du
    nomade,
Ma faute, mon supplice, mes remords, mes regrets répétés.

Mais j'irai jusqu'au bout, dussé-je apprendre à déchiffrer
Le sceau de la mort pesant sur ma vie, à prédire l'heure
    exacte
De mon tout dernier voyage: dussé-je oublier mon errance.

Mon errance et ma foi. Des eaux vertes d'une rivière
S'affolant au printemps, je veux copier l'élan,
Je veux tout fracasser sur mon passage, oui, je veux m'en
    aller.

IX

C'est la mort qui m'appelle, je ne peux résister:
Ses bras sont musclés, et méchant son sourire dans un
    cadre d'os,
Remâchant sa vigueur angulaire et fugaces, ses yeux
    incendiaires.

J'ai négligé de me plier à vos conseils, ambassadeurs et
    médecins,
Agents d'assurances et fonctionnaires, fossoyeurs de
    l'ordre
Et méprisants contrevenants aux impeccables lois divines.

Sable des sables, ô l'univers harmonieux de mon trouble!
Je revendique pour mon insouciance tous les tabous du
    monde,
Toutes les interdictions, les créneaux temporels de tous
    les délits.

Reprochez-moi mes présomptions, je suis jeune mais
　　hélas!
Je connais déjà tout de l'homme et des prodigieux
　　accessoires
De son ignorance. Pourtant je l'aime et pourtant je le fuis.

Je le fuis dans la scansion du labeur, le maître d'œuvre
　　me fait signe,
J'abdique; car j'ai vu tant de fatigue et j'ai vu trop
　　d'épuisement,
J'ai vu couler le sang sur des mains noueuses.

J'ai vu les salaires petits comme une obole, et la dignité
　　des reins cassés,
Des échines meurtries et des épaules monumentales;
J'ai vu l'enfant charrier son trop peu d'avenir.

Et j'ai vu mon existence sombrer dans les incertitudes:
Sans peur aucune dans la ville désertée par tous les taxis
　　du monde,
Seul, la nuit, dans les rues mal famées de l'audace.

X

Parce que je l'ai narguée, la garce, la mort est venue
Mais elle n'a pris personne, malgré le terrible éclat du
　　métal,
De la glace, malgré l'odeur des pneus brûlés.

Mes amis! la douleur à notre cou suspendue, cette
　　balafre mienne
Au-dessus de l'œil gauche: nous trois, je le prédis,
Sur les routes du monde nous n'aurons de repos. Mais la
　　joie.

La joie de l'achèvement, la joie des visages accomplis,
La joie de créer la mémoire de l'humanité, de la partager:
Ô l'Éternel! Tu nous as réservé Tes plus magnifiques étoiles!

Et je Te loue pour l'angle taciturne de ma bouche et son
　　chant.
Le désert me traverse la peau: j'assimile des parures
　　opaques,
Les dorures de l'instase quand l'Amour paternel nous unit.

Et ceux qui ont épuisé l'eau de source nous pèsent, nous
　　jugent,
Nous prescrivent déceptions, illusions, cassures et idoles;
L'esprit fragmenté, les ombres galeuses nous entourent;
　　nous passons.

Nous passons aujourd'hui, nous passerons demain,
Nos pas germeront comme des buissons arides et
　　d'ardentes poussières,
Nos pas s'épanouiront comme d'insolents miracles, des
　　palmes.

Comme les déchirures des dattiers.
L'entrain des troupeaux le matin dévalant des collines
　　pierreuses.
L'humble chant des ventres nomades, creux et plats au
　　faîte du rocher.

XI

Face au crépuscule. Face à face, mon Aimé, la dévotion
　　me subjugue.
La nuit viendra me calmer de son baume émaillé,
Le temps venu, le temps de vivre seul en Toi, nu, avec Toi.

Face à l'Immensité, face à l'Éternité mes bras longent
    mon corps,
Je m'arrête, immobile, et je goûte au repos de l'Union,
Bref et charnel dans sa fugacité: je ne désire plus rien
    que la vie.

Que la vie, que le chant de la vie résonnant en mon être;
Que l'air pur de la foi, que la main de l'homme posée
    sur un livre;
Que sa tête près de la mienne, loin, si loin, dans un
    autre pays.

Et le mot, *Vanité des vanités, dit le Qohélet, vanité des*
    vanités,
Au centre du centre, la poésie; et Dieu part, et Dieu
    reste,
Dans le miroitement des sables nomades, *tout est vanité.*

Et ce goût de pierraille au palais, la craie sur la langue:
Le goût de l'oubli; et le mot, à jamais éloigné de la
    Source,
Se perd, s'ensable, s'érode, grugé par la crainte et
    l'effroi.

Par la peur d'un trépas lumineux, d'un seuil incroyable
Où le doute chancelle. J'y crois; je serai debout au
    moment de l'Appel,
Et mon ombre se jettera à mes pieds, foudroyée.

L'intense éploiement des sables s'approche:
Les strates du chant seront denses et fermes,
Et s'y perdront nos traces, nos cadences vaincues et nos
    yeux effacés.

XII

Ô Jérusalem! la pénible montée vers Jérusalem! les
   barbelés remplacent
Les épines du désert; les dunes sont percées d'abris-
   bombes;
Les miradors, menaçants, asservissent les minarets.

Le Jourdain, lentement, défile, boueux, entre les mines,
Sous un pont de métal que visent les soldats; les joncs,
Les palmes croissent dans la vase, et les familles atten-
   dent, au soleil.

Au soleil écrasant, elles franchiront la ligne de cessez-
   le-feu;
Elles longeront les villages détruits, désertés,
Les pâles fantômes de ciment qu'encerclent les sables et
   le sang.

Elles se souviennent de leurs morts en baissant la tête.
Sable des sables! atroce étalage des cris de douleur!
Comment éviter la fièvre au milieu de ces ruines
   hérissées?

Au milieu de ces gens humiliés, ô Jérusalem! ta
   splendeur a flétri.
Un chat se promène la nuit sur les auvents des
   boutiques;
Un hāfiz psalmodie le Qur'ān parce que s'impose l'élan.

La vie se déroule dans l'angoisse et la peur; la mort?
   Non.
Peur de l'absurde violence qui déchire les chairs,
Ensanglante le cœur des femmes et la pierre des murs
   de la ville.

De la ville sainte, ô Dieu! apaise les enfants remplis de
  colère,
Hostiles au point de hurler à eux seuls les déchirements
  du siècle,
Les mutilations, les démembrements, l'occupation
  militaire de l'oubli.

XIII

La tristesse d'un Juif, dans un cimetière mamelouk;
  décidément,
Nous avons oublié qui nous sommes. Nous refusons la
  mort,
Mais quel sens donnons-nous à la vie? Silence sur la ville.

Ô silencieux abandon à Dieu! Seulement ce vacarme du
  vent
Dans nos oreilles; ces mirages plein les yeux; ce ventre niant
  ses désirs;
Seulement l'emprise arrogante du mépris.

L'attitude hypocrite du saint homme, moralement juste
  dans ses illusions,
Je la repousse du revers de la main; le sable entre les
  dents,
Au fond du tombeau, seulement, la nuit et le vent.

Seulement la mort. La stridence de la mort, ses voltiges
  crénelées.
L'impuissance de la mort et les attroupements
  négateurs, excessifs,
Des échos, l'atermoiement des murmures écaillés.

Les murs décrépits des villages injuriés, l'horreur y
    prend forme
Quand se réfugient dans les ronces ceux que l'on a
    déportés.
Ô chagrin! de plus en plus, le désert me traverse la peau.

Le désert s'ajuste à l'image du Verbe, ma chair excavée,
Mon âme, ô Sublime! si seulement mon âme eût connu
    le maintien de la paix,
De cette douceur magnanime dont embaume la grâce.

Pulvérulence de la nuit, la lumière s'enfuit et je reste là,
    stoïque,
À douter des hommes; j'aurais voulu que la musique
    m'amenât vers Toi,
Mon Aimé, comme autrefois, et pour toujours.

XIV

J'avais désiré les formes absolues du désert à mes sens
    réunies;
J'avais convoité le feu d'une main, la saveur du café
    parfumé de cardamome;
J'avais brûlé du désir de poser mes lèvres sur son cou.

Les formes se sont ouvertes comme la mer, comme une
    blessure
Elles se sont refermées; mon corps est fatigué, décharné,
Et j'adule sans faute les carrures linéales des mâchoires,
    des épaules.

Des visages marqués par l'histoire du soleil; des épaules
    équarries
Par l'effort de survie; de la fraîcheur minérale des
    profils
Je me nourris, je m'alimente de beautés, je refuse la
    sujétion.

J'espère, pour un moment, que tout n'est pas perdu;
J'espère une étreinte, la rondeur de la nuit et l'opacité
    de la voix;
J'espère toujours le feu de la grâce, le bonheur ultime.

Les grenadiers regorgent de leurs fruits; les sycomores,
    les platanes
Aplatissent les ombrages au sol; des lauriers-roses
    ponctuent les espaces
Entre cédrats et cyprès. Et Dieu part, et Dieu reste.

Là. Aux portes de la ville. Là où se perd le bouc
    émissaire,
Dans le désert des chacals, des scolopendres et des
    sphex.
Où s'arrête le temps, sous nos pieds, foyer des
    insupportables sécheresses.

Sécheresse de l'esprit; sécheresse de l'oubli;
Sécheresse d'un désir inassouvi quand la lune s'éteint.
Je cherche à percevoir les claquements de bec des
    cigognes et l'odeur du jasmin.

XV

Les murs de Jéricho, maculés des sabres rouges de la
    contestation,
S'écrouleront à nouveau, troués de balles;
Dans le désert passe une armée, une odeur de charogne
    à sa suite.

Et le rouge des keffieh, le rouge élément d'une lame
    aiguisée,
Le rouge d'une dague; l'horrible tension des limites
    humaines
Attend l'heure où se déchaîneront les éclipses fatales.

Et moi aussi j'attends l'heure: la terre s'ouvrira sous mes
    pieds
Et j'y lirai ma vie. Comme je lis le corps des hommes
Et le mouvement des yeux et des lèvres, leur doigt sur la
    gâchette.

Il se promène, délirant de passion, aux formes parfaites,
Ses attributs débordant des vêtements, imbu de virilité à
    palper,
Et les hanches solides, le canon du fusil au bas de son dos.

La lourdeur des cuisses; l'ombre accrescente et fragile
    de l'iris;
La démarche aqueuse du bas-ventre; la chair soyeuse de
    Jonathan;
Les fils d'une harpe entre les doigts glissent, ô Sable des
    sables!

Et son chant m'atteint droit au cœur; je suis encore plus
    esseulé,
Entre la guerre et la paix, entre la chair et l'instase,
Au point de fusion entre le germe et la stérilité.

Entre l'horreur et la joie, entre la mémoire et l'oubli,
Entre le feu et l'eau, ma solitude renouvelée,
Ma solitude mise aux fers et brutalisée, chassée de la ville.

XVI

J'avais souhaité rester sur place, voici que je recule,
Et le reflet de mon propre visage me fuit. Une longue
   journée
Tarde à commencer; je m'attable au café de l'Ennui.

Et je contemple encore la beauté des visages moricauds,
   et je sais:
En elle me fascine éperdument l'avènement de sa perdition;
Prête à bondir de son antre, la mienne, celle de ces yeux
   insatiables.

De ces yeux tristes ou colériques ou consumés de désir:
Sa chemise ouverte étalant son retrait; jamais je ne me
   rendrai à la source
Que pendant le khamsin, obéissant à la pointe du fusil.

Le bout des doigts aux empreintes flétries pour avoir
   trop souvent,
Trop longtemps frotté la pierre, et le cœur usé d'autant
   de déchirures,
Le regard oscillant des cils aux chardons, au soleil
   purifiant les accrocs.

Aux voix cicatrisées des barrages militaires; aux refus
    entêtés du silence;
J'attribue aux uns ma longue patience, aux autres, mes
    heurts,
Convoitant le robuste vigile, son être busqué, concentré
    sur la détente.

Mes lèvres simulent un repli, elles ont perdu leur
    chemin;
Je concède à l'effort le déploiement légitime de ses
    fautes;
Agenouillé, le désert me traverse la peau, comme une
    détonation.

J'ai dû récupérer les lueurs égarées le long d'absurdes
    frontières,
En cela je suis fautif et mon crime me retombera dessus
Comme la crue de l'oued et enfin, je pourrai m'unir aux
    couleurs du grès.

XVII

Ô vous! tessitures du chaos, ce que vous chuchotez dans
    la nuit
Me blesse l'oreille: dans la moiteur des chairs vous me
    désespérez,
L'amour au bout de la langue et l'œil noir.

Vous me parlez d'amitié en déplorant la guerre: et je
    vous salue,
Grognements erratiques de Yacob, immense tristesse
    d'Alī,
Vingt ans innocents de Yossi, maintien chevaleresque
    d'Imād.

Je vous salue les bras en croix, à peine remis d'une
    septième chute,
Lorsque sur moi s'abat le firmament: je peux survivre
    seul au désert,
Mais la solitude meurtrit au jardin déserté.

Ô mon élu! Le soleil sur ta peau célèbre ses dorures,
Comme à Pétra le Trésor illuminé, ton visage exulte,
Et nos torsades somnolentes s'entremêlent, je ne te
    résiste plus.

La rigueur, mon tourment; la rigueur du plaisir et la
    rigueur du choix,
L'oraison vigoureuse et ce lent avenir qui m'échappe:
Viens, je m'enfonce davantage, le seuil me prend à la
    gorge et s'y fixe.

Dans la clarté et dans l'esquisse d'un buisson, plus aucun
    secret,
Que les reliefs du partage, les objets fabriqués de la fougue
    rayonnante;
Nous inventons pour nous le cercle, et Dieu part, et
    Dieu reste.

Et nous inventons aussi des libertés ondulantes,
Et d'uniques étreintes là où l'Immensité se déploie,
Comme un arbre vu d'en bas, un mythe aux relents de
    jouissance.

XVIII

Et bien que vous me disiez que le fossile épie nos
   mouvements,
Je m'évade des souillures évidentes de la cécité. Aussi
   adroite serait-elle,
La douleur, prodigieusement la surpasse l'incendie.

Les parcelles de l'aube quadrillent ta poitrine glabre, ô
   mon élu!
Nous reconstruisons le monde, toi, la croupe élevée
   comme les dunes,
Le dos traversé par un oued profond; je m'y perds, je
   m'y fonds.

J'avais voulu autre chose, aussi: j'avais voulu prier à la
   surface des sables,
Avec sous les genoux d'incroyables objets de pierre,
De basalte, de silex, des sépultures éparses et des
   labyrinthes.

J'avais voulu prier, j'avais voulu écrire mon amour
Pour l'éparpillement des lyres et des rythmes, pour
   l'Absolu à refaire,
Pour la substance moelleuse de la foi; j'avais voulu
   m'offrir.

M'offrir corps et âme, mon Aimé, mais Tu n'as pris que
   mon corps.
Et maintenant, mon âme, je connais notre échec, je
   connais
L'inénarrable destination qui nous est dévolue:
   l'errance.

L'errance des nomades pour qui la terre s'étrécit;
La nuit nous éteindra tous les deux, mon élu, et nous
    dormirons
Dans le soufre et le sel, à moins que tu ne nous sauves,
    ô Sable des sables!

À moins que tu ne nous prescrives le salut invisible,
Les lierres asséchés des mirages, le feu dans la paume
    des mains,
Sous la plante des pieds, à glaner d'impétueuses
    rencontres arides.

XIX

À moins de me tenir sublime sur un plateau, comme la
    fleur du câprier,
Comme la feuille du myrte, à ne plus m'inquiéter de
    l'heure du départ,
À moins d'une asphyxie je resterai peut-être.

À moins d'une cascade fortuite qui me ferait changer
    d'idée.
Je percerai toutes les surfaces de vos poèmes, ô mes amis!
Pour en extraire les précieux filons et les pépites.

Mélancolie! tu es ce reflet des brûlures au sommet de
    vos dunes,
Ô déserts de l'Orient! et je tourne la tête et je ferme les
    yeux,
Et je vois sans arrêt dans la nuit notre mort.

Notre mort et notre oubli, mon Dieu, car nous ne savons
   plus
Reconnaître l'enfance: les yeux misérables des fillettes,
Des gamins de la rive gauche du Jourdain où l'espoir se
   suicide.

Notre mort obsédante. Dans un cercueil plombé ou
   dans une boîte
De planches inégales, mon ardeur que je ramène à zéro
Quand s'exécute le drame; ô passion! notre âme sous la
   pierre!

Que le tronc des platanes et quelques branches cassées.
Que les affreux tourments du bois d'olivier, que le
   partiel éblouissement
Du souccoth. Que la mort, mon Dieu, que la mort
   partout.

J'avais tellement voulu que le sable ne fût pas la mort,
Effaçant jusqu'aux formes des ravins et des gorges; je me
   donne sans merci,
Je m'abandonne à la plénitude quand le désert me
   traverse la peau.

XX

Et maintenant, la multitude. Au loin la forme des
   murailles
Et le teint ocre de la ville. La tourmente et son désordre,
Et l'odeur des latrines sous le soleil entourant tous ces
   corps.

Je vous devine amères, foules piégées entre les portes
Où s'engendre la foudre, je les respire d'ici, vos mains
poisseuses,
Vos sueurs épicées, vos pieds cuisant dans de vieilles
chaussures.

Et c'est ainsi que j'ai traversé le désert, d'un voile à
l'autre,
Entre des campements de bédouins, parmi des familles
aux fatigues cruelles,
Énormes, rompues sous la bannière de l'exil.

Familles en exil dans leur propre pays. Dans la lumière
des braises
Et des coups de feu. Dans les chambres vides où s'amuse
la poussière.
Dans les mains qui relèvent leurs morts.

Dans les mains des enfants qui saisissent les pierres
et les lancent.
Leurs enfants battus. Leurs enfants abattus.
Une seule trace, une tache d'éternité dans l'étroitesse
des crans de mire.

Et les envols sont nombreux: celui de la tourterelle grisâtre
Et celui de l'hirondelle qui ne sait plus trisser, celui de la
grue.
L'envol difforme des larmes, des larmes perdues.

Ce paysage miné me poursuit, ma mémoire est
endeuillée,
Emprisonnée dans le tourniquet des violences. Ô Palestine!
Tu respires à peine, tu gémis, et Dieu part, et Dieu reste.

XXI

Parce que vêtu d'apparat et strié de khôl;
Et que l'enluminure masque tes détours, tes poursuites,
Tes lettres chagrines et le vaste appétit de ta voix blottie
    dans les grottes;

Parce que ceint de grelots, du chant des médailles
    d'argent
Et des chaînettes aiguës quand se meuvent tes hanches;
Et que l'engouement langoureux te cerne comme un
    fleuve;

Parce que l'ambre et la turquoise ornent tes bijoux
Que nos regards convoitent; et que sans fin défile ta
    musique,
Comme des horizons affolés, comme des huiles enivrantes;

Parce que le sel se mêle à l'encre et le rythme à l'horloge;
Et que le moment venu de quitter la tente se fige, inerte;
Et que le mouvement des étoiles dessine d'autres
    constellations;

Parce que j'oblitère la solitude des hommes en fouillant
    le sol,
Entassées que sont les aspérités du doute et les
    manœuvres illusoires;
Et que si vaines s'agitent les rumeurs de la foule;

Parce que Ta Voix divine se dresse en moi comme un
    cyprès;
Et que Ta Voix divine m'adoucit et me fait prendre mon
    essor
Vers ceux que j'aime et vers ceux que je chante;

Parce que sept fois dans ma vie je me suis relevé,
Et que ma main droite ne s'est pas desséchée ni ma
     langue fixée à mon palais;
Pour cela je ne pourrai t'oublier, ô Sable des sables!

Ammān, Wādi al'Mujib, Pétra, Jéricho, Jérusalem;
du 19 juin au 13 juillet 1993.

3. nomades

I

La terre nous repousse, nous rejette, la terre nous fait
   tourner en rond
À la recherche d'un unique brin d'herbe,
La terre nous enlève l'idée même du repos, de la pause.

Ainsi nous allons, nous, pèlerins échus, croyants déchirés
   par le doute,
Reniés par le soc et la herse, giflés par les vents,
Ainsi irons-nous, pâles, déchus, broyés d'alluvions.

Et de quoi, et de qui nous éloignent toutes ces routes,
   mal tracées
Ou invisibles, et qui semblent toutes converger vers
   Jérusalem?
Onze ans plus tard je m'y retrouve, un crayon noir à la
   main.

Une pierre à la main, aussi, une pierre sur le cœur, m'en
   aller,
Je ne connais que ça; l'embuscade est un mystère,
Et les détonations dans la nuit signent mon sommeil,
   mon vacarme.

Et les mœurs des hommes me dégoûtent; leurs autels,
Leurs censures grossières, leur patrie menaçante et leurs
   vertus,
Leur avarice, leurs démarches stratifiées, codifiées,
   interprétées.

Leur *humanité*. Ô mon Aimé! si je m'éloigne d'eux,
Je Te perdrai de vue et j'oublierai la noblesse du Chant;
Une gerbe de froment ornera mon abri, et je mordrai
   l'éponge.

Sur la route ridée de merveilles. Où passent l'or, la myrrhe
et l'encens.
Où passent les peuples que leurs liens désenlacent,
Où passe le temps, sans personne à sa suite et les souliers
troués.

II

Où passent les nomades, les hommes à l'esprit libre
Que ne menace pas l'enlisement de l'oubli; à l'esprit
expansif,
Au verbe promu au rang de gravité, au rang de forage.

Dès maintenant les dômes pâlissent, les cuivres
verdissent
Et les dunes traversent lentement des villages, malgré les
barbelés,
Les balles perdues, les silhouettes obscènes s'agitant
dans les buissons.

Parce que tout recommence, rien ne finit: c'est écrit sur
les tablettes d'argile,
La fête, le regard, l'amitié, le délit couronnant les
écarts,
Et des branches pendent lourds les fruits de la terre.

Le monde est neuf, je parle tout bas, je ne veux pas
réveiller le soldat;
Le monde est si vieux, je parle tout haut,
J'ai saisi dans ma main son arme et le sang sur son front
a giclé.

Sans regret. Bien rangés, les remords,
Au balcon vont fleurir dans des vases d'argile et, les
    tempes épongées,
Vont rêver les passants, la mort dans l'homme, le spleen
    défraîchi.

Nous contemplons le crépuscule, des ciseaux à la main,
    au bec,
Une épine. Et nous savons la geste des révoltes, et les
    bonnes manières
De l'araignée solaire: nous incendions les gares à l'heure
    de pointe.

Nos voix enrouées d'avoir manqué de sève; et le fracas
De la mécanique sur des balises d'autoroute; nos voix
    accidentées,
Nous vous les offrons, meutes flasques parfumées de
    vinaigre.

III

Cette rage en moi. Je sais que je repartirai; mon Aimé!
Tu me refuses le calme et la tranquillité. Où aller?
Que m'importe! Jérusalem est venue dans ma vie me
    hanter.

Ma déroute. Mon ineffable éclairage. Mon amour des
    voies anciennes
Et des veines gonflées sur ses bras, sur son cou, sur son
    sexe alourdi.
Les cunéiformes me chatouillent les paumes.

Le vêtement déchiré de Ruben, c'est moi, et la faille
    dans le mur,
Et le miroir fêlé, c'est encore moi, le Troisième Jour,
L'interruption du sommeil, la permanence de la Source.

Je pressens les plaies des hommes à venir et les corps
    scarifiés.
Les douleurs écarlates des ventres, et le prix à payer
Pour un simple souvenir, un moment de bonheur
    emprunté.

Ô Généreux! Tu m'as voulu poète en me chassant des
    villes;
Je les traverse en chancelant, maigre et seul,
Et le pire exil est cette colère qui me sépare de Toi, de
    Ta Voix.

À cause du froissis des pantalons et du frémissement des
    échines.
À cause de mon insatiable éconduite, mon insolent refus
De vernir mes mérites. À cause du soleil, qui
    m'enflamme.

Du soleil mon berceau entouré de glaïeuls blancs et rouges:
Je l'imagine ainsi, la nuit des Perséides. Ma vie oblique,
Les rayons de ma vie tournoyant dans le vide où
    s'accomplit la parole.

IV

Où s'accomplit le rite; même la puissance s'épuise, oh oui,
Dans le buisson ardent. Refaire le monde est un acte
    insolite,
Et la foule me pointe du doigt, par habitude.

Sans épreuve, ma quête eût-elle eu un sens? Pardonnez-
    moi mes exigences:
Il est trop excessif de demander la paix là où le meurtre
    est permis.
Je connais les erres du jardin, ses dangers.

À crever les tambours des fanfares; à obstruer les
    trombones;
À encarcaner les marcheurs; mes phantasmes:
À désamorcer l'attroupement des idiots, à déchiqueter
    les drapeaux.

Et comme unique emplacement de la joie, la rocaille
    encastrée d'une épitaphe;
Le terrain vague où jaillit le vertige; l'avidité des noyades
Et comme toujours, le bât subtil des sacrifices.

Mais nous dormons, entendez-vous, et sur nous pèse
    l'ombre
Des sables mouvants; nous les méritons, croyez-moi,
Permettez que je les presse d'accélérer leur avance, mon
    intime plaisir.

Le rythme commande le mot, peu importent la pensée,
    le propos,
Le rythme impose la descente, l'escalade, l'itinéraire
    inachevé;
Ma danse démarque mon chant comme une alliance,
    comme un aveu.

Comme une source révélée, innocemment, entre des
    frontières disséminées,
Le long des lignes de cessez-le-feu, en pointillés dans un
    atlas.
Et mes pauvres racines prolongent les ruptures.

V

Les échardes explicites ont gagné vos faveurs,
Foules vautrées dans le velours des évidences, des
    partis pris, du plus fort;
Vous lisez les journaux, digérez les mensonges et restez.

Vous restez, ignobles sédentaires des faussetés humaines.
Et je sais ce qui motive en vous ces infortunes: comme
    des criquets,
Des crécelles, des tambourins, vous cassez des bouteilles,
    des vitres.

Vous mutilez des corps, vêtus de chasubles criardes,
Vous faites le signe de la croix, nous dénonçons les
    calques,
Multiplions les couleurs et les formes et vous, vous nous
    méprisez.

Les mouvements des textures naissent des géométries
    parfaites du paysage.
Parce que chassé de la ville, j'ai accès aux jardins,
À la compagnie scandaleuse de la plus invincible fratrie.

Avec les peintres, avec les musiciens, avec les poètes
De toutes les couleurs, de tous les rythmes et de tous les
    accents;
Avec les voyageurs nostalgiques, je respire, avec les
    exclus.

Avec ceux qui vivent à leur gré, les inconséquents du
    destin.
D'une oasis à l'autre, rompus comme des bâtons.
Avec ceux qui ont compris que rien n'est à bâtir, à cause
    du sable.

À cause du sable qui nous porte comme un socle cynique.
Une buée, à peine un souffle, voilà l'effort du créateur.
Reçu de Dieu, repris par Dieu, à peine effacé du scalpel.

VI

Allāhu akbar! chante le ciel de Jérusalem. À cette heure,
Je me tourne vers la plénitude de l'accueil, *lā ilāha illa'Llāh,*
J'adhère aux mesures de l'appel, et cette allègre captivité
    m'exalte.

Et je sais que je m'échapperai: je ne fais que passer,
Les murailles de la ville sont fragiles, et ses griffes
    s'écaillent,
J'aspire à la réconciliation des lumières, à l'harmonie
    des vallons et des pôles.

J'apprivoise les graffiti sur les murs, le terrible accent des
    slogans
Et la flamme au bout de la mèche du cocktail molotov.
J'amenuise la fréquence des chocs, la morsure du contact.

L'intensité de l'impact. L'obscurité descend sur les
    coupoles,
Et la ville ternit, agonise dans les soubresauts, les
    gargouillis du souk.
Malgré l'été, l'horizon s'est voilé de nuages kaki.

Une seule étoile, au ciel. Quelques voix dans la rue.
L'odeur des falafels, des oignons, du café, l'odeur du
    Levant,
La fraîcheur de la nuit. Et soudain, les feux d'artifice
    simulent la joie.

Blessante ironie, c'est le Jour de l'Amour.
Des centaines de soldats patrouillent la ville: en l'air, les
    avions,
Les hélicoptères tournoient à faire perdre la raison,
    nous tiraillent la nuque.

Préparez-nous une belle mitraille,
Beaux amants pressés par le sang qui vous bat les artères.
Que viennent l'arrêt, les rafles, le jugement dernier, le
    fracas des bavures.

VII

J'ai été dur pour les uns, féroce pour les autres,
Mais combien tendre pour certains; pardonnez-moi mon
    inconstance:
Ce ne sont pas les pierres qui me désolent, mais les
    hommes.

Mais l'humanité entière dans son trouble, dans toute
    l'ampleur
De son incommensurable oubli: je sais qui nous sommes
    devant Dieu.
Et devant Jérusalem joue un triste adagio.

Je suis si triste, mon Aimé, si triste. La troisième heure
    venue,
Le cours de l'histoire changera. Nous ignorons le regard
    inoffensif
Des générations en transe, et les sirènes abasourdissent
    nos rêves.

Dans ce pays cyclique. Dans la vision fragile des outils
    surannés,
Dans la vision des cendres soulevées par le vent,
Dispersées sous les masques, sous des trophées
    vénéneux.

Les ronciers s'animent, abreuvés de préjugés et nourris
    du fumier
Des propagandes sapides. Mon errance est bien
    précaire,
Face au gibet du doute. Sans aucun témoin pour ma
    défense.

Sans alibi que l'entêtement légitime de mes ancêtres;
    leur intrépidité,
Leurs ellipses vocales hautement déterminées. Sans
    présage non plus,
Sinon la venue de ceux qui brûlèrent nos récoltes.

À reprendre la route, infatigable, ne me demandez pas
    pourquoi
Ce pays me déchire. Les familles décimées me renvoient
    mon image,
S'il vous plaît, ne me demandez pas d'épeler
    l'amertume.

VIII

J'aimerais bien changer de corps comme on remplace
    un vocable
Par un autre, mais je ne sais comment, mon peuple n'a
    pas eu le temps
De construire ni porches ni fontaines.

En quatre siècles nous nous sommes ingéniés à raffiner
   l'exil.
Et nos morts sont disséminés comme le pollen,
Comme des gouttes de cire sur la nappe des flots.

Et nous sommes partis, et nous sommes repartis, et nous
   partons encore,
Et nous partons toujours; nous scandons de nos pas
Les limites du départ, toujours repoussées, toujours
   s'éloignant.

Et l'horizon est un aimant, et derrière nous, aucun
   sillage,
Aucun contour, que le hasard, que l'abus d'une étoile
   nous indiquant le nord.
Nous excellons aussi dans l'art oblique du profil.

Nos choix sont frappés de sel: nous aimons la robustesse
   des fluides,
Le roulis des fléaux, les décès très étranges. Et si nous
   ouvrons un livre,
Nous lisons le passage où il est question d'émigrer.

Nous passons, nous passons. Encore, nous croyons aux
   anges,
Nous parlons du Bon Dieu aux enfants. Nos incroyables
   superstitions
Nous protègent du naufrage, c'est pourquoi nous vivons,
   nous vivons.

Et nous chantons parfois notre peine de passants.
Pétrifiés sont nos rêves, et combien méconnaissables
   depuis l'érosion;
Notre mémoire n'est qu'un pressentiment, qu'une
   énigme de plus.

IX

L'appétit motive les nomades, les guide d'une oasis à
l'autre,
D'un livre à un lit, d'un rêve à un brusque réveil.
Mus par l'inépuisable besoin de vivre, ils vont; je vis
comme je veux.

Et je suis encore triste, comme Blaise en Russie.
Stupeur de l'exil! des Russes vendent d'anciennes icônes
Aux Arabes de la Via Dolorosa. Appauvris, tout comme
moi.

Appauvri par celui qui m'a volé mon argent.
Un homme de mon âge traîne sa croix dans la rue aux
Bouchers,
Et du côté du mont Sion, trois fois non et le coq a chanté.

Une ombre est plaquée sur les parois de la grotte;
recroquevillé,
Le remords, dans les mains s'est caché le visage. Mon ami,
Mon traître, les dinars te brûlent l'âme autant que les
doigts.

Et j'aimerais n'avoir jamais connu le regret. Et j'aimerais
retourner
Dans cette ville nordique où le temps recule, quand il
n'est pas figé.
Ô villes de ma mémoire! vous, les Sept Villes de ma vie!

Je sillonne, invisible inconnu, la Voie royale et la vallée
des Rois,
Et je foule d'épais tapis sous de grandes arches lumineuses,
Miroitant de murmures; j'entends la lyre, l'oud et la
harpe.

J'entends le cygne battre de l'aile contre l'eau; j'attends
le signal,
Ô mon cygne! le signal de ton chant. Puis la face
tournée vers le ciel,
La gorge pénétrée de sanglots, je me mords les lèvres.

X

Pour ne pas chanter. Parce que l'heure n'est pas juste.
Parce que l'humanité dort en chœur dans le jardin
Et que les oliviers dorment aussi, l'esprit tourmenté de
rêves et de feux.

Je plains les pèlerins crédules, entre deux autels,
Flagellés par la réalité; et mon sang altéré, le venin d'un
insecte
Parcourant ma chair. Ma trop grande tristesse, à qui la
dois-je?

Mon âme est triste comme Deïr Yāsīn, comme un camp
de réfugiés
Fréquenté par le souvenir de Sabra et Chatila.
La vallée du Jourdain est une fournaise ensablée, et le
fleuve rétrécit.

Le Jourdain s'embourbe: nous avons renié notre promesse
de baptême,
Ô ma mémoire! et l'oubli, la douleur de l'oubli ente
mon cœur, mon âme,
Et dans la fissure grand ouverte s'insère le fiel.

Désertifiée la vallée, la mémoire humaine; la source est
	tarie,
Le retour vers Dieu n'est plus possible. Et je sais que
	bientôt
Je me sentirai encore plus étranger chez les miens.

Les miens, mes amis trahis; pardonnez-moi ce sentiment,
Ô vous que j'aime! la vie me déchire comme le rideau
	du Temple,
Et mon ciel s'obscurcit parmi vous, vous que j'aime.

Que j'aime aux confins de l'errance; ma douleur, ma
	peine expansive,
Ma lumière que transpercent les dagues,
Je m'assimile les ombres et le trou béant de la mélancolie.

XI

Barabbas! crie la foule, *Barabbas!* j'écris à l'écart, loin d'elle,
En longeant les murs, j'écris le premier des onze derniers
	poèmes
Avant de m'isoler, de me taire, de pleurer sur mes
	souvenirs épars.

Oh ce mal du retour au pays! je l'envisage de loin:
Longues nuits d'insomnie, corolles blessées, flétries,
Sourires fanés, pâleur de l'angoisse descendue sur mon
	front.

Jérusalem! entre tes murs une ville, un temple, un autel,
	un sacrifice,
Une goutte de sang coagulé et le terrible germe de la mort.
J'y ai vu mon visage reflété par de vieux reliquaires, et
	j'ai compris.

Un jour, *incha'Allāh!* je connaîtrai la paix, et ce jour-là,
  macha'Allāh!
Tu m'auras épargné le retour, car Tu es le Centre, Tu es
  le Discours,
Et nous serons unis pour l'éternité, comme la pierre et
  le feu.

Et seul avec le feu, le dos contre la pierre, un poignard
  sur le cœur,
Et seul avec le feu je rêve à toutes les portes et à toutes
  les routes du monde,
Et le monde s'empare de mon être et de mon âme en
  feu.

Le monde me presse, me caresse, me consume contre la
  chair de son torse;
Et sur toutes les routes du monde s'effacent mes traces;
Dans l'air, une buée, il n'en reste qu'une légère fumée.

La brume légère de mon chagrin farouche, voilà mon
  héritage,
Voilà ma signature en fuite. J'ai fouillé le sol de mes
  ongles,
J'ai défriché les livres, j'ai le mal du pays que je
  m'apprête à quitter.

XII

Seul avec le feu, comme je voudrais que se dissolvent
  mes plaintes
Au contact du plomb! La nuit m'a transmis ses âcres
  besognes,
Ses fouillis métalliques et ses murs qui suintent.

Ses lames de poignard. Ses appels au meurtre. Ses parfums
    nocifs
Rappelant d'épatantes tortures, des bûchers éloquents.
Ses enfants déchiquetés par les obus sionistes.

Ses enfants meurtris comme des coquelicots. Ses enfants
    déracinés,
Aux ongles arrachés, fermés comme des éventails et
    nu-pieds,
Ses enfants matraqués face aux masques vitreux de la
    soldatesque.

La valetaille de Mammon se rue sur les enfants, derrière
    les frontières,
Leur injecte méchamment le goût des immondices, de la
    fange,
Le goût des épluchures. Jusqu'au miracle de l'aube.

Comme j'aimerais me taire! mais j'ai vu l'élan des
    cravaches striant le ciel;
J'ai vu la violence étudiée à l'équerre, pesée, sous-pesée,
Acculée au point d'appui de l'inquiétude et du gibet.

J'ai vu les yeux d'une fillette de Palestine et je jure que
    depuis
Son regard m'obsède, son regard en moi veut prendre
    son envol,
Timide hirondelle affolée devant l'approche de la
    foudre.

En moi prend son envol, et je jure que je n'entends pas
    battre ses ailes;
Des coups de feu s'approchent de nous,
Et les yeux de l'enfant se ferment, noyés dans la paume
    de ses mains.

XIII

Et j'ai vu, à Jérusalem, le labyrinthe se résorber sous mes
    pieds.
J'ai compris l'ampleur de mon échec, moi, l'abdicataire
    déraisonnable
Qui tant de fois s'est morfondu dans l'attente de *la Nuit*
    grandiose.

'Abdallāh sera mon nom; mais j'éprouve aujourd'hui à
    moi seul
Une haine capable de féconder toutes les résistances du
    monde.
Haine de l'homme que j'aime tant. Haine du fils de
    l'homme.

Ô toi le Béni! Sceau des Prophètes! auprès de
    l'Archange plaide ma cause,
Et que ton message se faufile sous les arcades de la
    vieille ville,
Insouciant des chats faméliques, enténébrés.

J'entends claudiquer le carillon du Saint Sépulcre, mon
    regard s'enlise
Dans un désert plus obscur que la plus sauvage des
    forêts;
Dans l'odeur de la cire j'ai perdu mon chemin.

J'ai retrouvé Jérusalem à l'âge où l'on assiste, indifférent,
À la déroute du calice dans le décours des vallées
    sablonneuses.
L'âge de l'écho laissé derrière par les caravanes.

L'âge des nuits blanches. L'âge qui s'arrache de lui-même
Des souches sises aux tréfonds des cédraies.
Mon aveu, je n'ai pu en éteindre les flammes.

Le vent m'a fait perdre la raison, le vent sans cesse à
    l'assaut des sens,
Et les poignets noués, je suis sans savoir où je vais les lueurs,
Les infimes lueurs qui se glissent dans les fentes de la porte.

XIV

Une fièvre soudaine me saisit: la route, sans compromis,
Et sans rival. Loin des pleurs et des grincements de
    dents,
La route à suivre et par où m'évader; à qui me soumettre?

Debout. Autour de moi, tout autour s'approchent les
    sables.
J'attends sous le soleil que m'assaillent les images
    râleuses de la volupté,
C'est tout ce qu'il me reste, tes mains, mon corps.

Tes doigts dispersés sous ma chemise comme des plantes
    fourragères.
Et l'oreiller de ta lèvre inférieure sous ma nuque, nous
    voilà sous la tente,
Ô mon élu! et nos étreintes périssables défaillent.

À notre insu. Ta poigne débordant de luxure, nous
    avons changé de rythme,
Rompu le ton. À faire frémir les convenances.
À nous agiter sous les palmiers, l'eau, l'eau qui nous lave
    du dégoût.

L'eau qui nous lave des lointains illusoires. Non.
Je ne poserai pas ta tête sur une pierre, sur un tell de
    cailloux,
Dans un désert de basalte. Mais dans le sīq avant la crue.

Avant la crue de l'oued, et j'attendrai. Debout. Autour
de moi,
La surdité et les ravins qui se creusent. J'entends les
failles des accès,
Elles s'écaillent bruyamment, mais je me tais.

Et c'est ici que s'amorce mon silence, dans l'attente de
ta venue,
Ô voix! voix grave de l'homme enserrant mon espoir!
Et pendant le guet, j'applique à tes épaules mon
errance, mon choix.

XV

D'un amour à l'autre va le nomade, va, sans s'interrompre,
Et l'odeur du jasmin l'accompagne dans sa ronde; il s'en
remet à Dieu,
Tout Amour est divin: l'Amour va et vient, de l'homme à
Dieu.

Sa beauté refuse de s'estomper, au moment du départ
Le refus d'atténuer sa joie, son ivresse, au sommet de la
danse, le détour,
La transfiguration du Verbe, oh! son épaule et ma
cupidité.

Amants anonymes sous la lune, vêtus de sel à traverser
tant de siècles,
Et de glace devant les indignations des hommes.
Devant les péchés inventés par les hommes. Par le
jugement des hommes.

Il ne se retourne pas, va le nomade, laissant derrière lui
Les effluves musqués des sueurs militaires, et le sang mal
    séché
Sur les mains de Caïn; nous reverrons le monde, ô mon élu!

Nous reverrons le monde pour l'avoir reconstruit
Dans la pupille de nos yeux; pour l'avoir bâti de notre
    salive
À la glaise mêlée; s'éternisera l'étreinte sous l'Arbre de Vie.

Entre-temps le désert. Notre amour comme une sonde,
Le travail est fini. Le rêve m'encercle, s'épand;
Je m'éprends de la tâche à refaire entre chacun de nos
    pas, entre tes pas.

Entre le monde et nous va le nomade, va, et son allure
    est la mienne,
D'une jambe à l'autre, et son maintien, à contre-jour,
Son maintien calqué sur tes hanches me fascine et me
    coupe le souffle.

XVI

Un homme descendait de Jérusalem à Jéricho.
La descente est le propre de l'homme: du souffle initial
    à l'éteinte finale,
À traverser le seuil des terres arables et la douleur des
    cachots.

Yubal, issu du lignage de Caïn, erre dans le terrain
    neutre de la vallée;
Dans la verdure luxuriante des vases du Jourdain,
Il coupe une tige et fabrique une flûte: ainsi naît la
    musique.

Et par la flûte depuis se lamente l'âme de l'homme.
Endosser le mythe, les enjeux narratifs des tisons, de la
   fronde,
À l'écoute des semailles, ouvrir sa porte à la raison.

Désormais, tâcher d'obéir à la sagesse de ces mots:
Éloigne de ton cœur le chagrin, écarte de ta chair la souffrance,
Car ma vie comme la vôtre est si brève; à l'improviste
   tombe l'heure.

L'heure des cris sous les reins que rompent les bâtons;
Ceux qui s'acharnent contre l'abondance et le don ne
   prennent garde
Aux sacrifices, aux paroles des grands cataclysmes.

Je ralentis mes ardeurs; je raccourcis mes élans;
Je n'ai plus à prendre mon erre pour me livrer aux murs
   de la ville:
Ils se sont écroulés, *car cela aussi est poursuite de vent.*

La poésie m'est enlevée des mains; je descends dans la
   citerne,
Dans la fournaise, dans le tombeau, et privé de cet air
   vital,
Je meurs noyé, brûlé vif, inhumé dans la plus fertile
   poussière.

XVII

La chaleur ondulant sur la tôle des toits, auréolant les
   coupoles des mosquées,
Et dans la bouche le goût des figues fraîches, des
   loukoums,
À l'heure où le tournesol baisse la tête.

À l'heure où se perd ma prière, aspirée par le vent; ta
    main,
L'ombre épaisse de ta main ensommeille mon âme, et
    l'odeur sur tes doigts
D'une terre étrangère, mon traître, l'odeur de
    l'étranger.

L'odeur de l'humus pétrifié, du mucus enflammé
Par le geste des lèvres, les glaises des grèves salivaires,
Les rives rocheuses du regard, de l'étau. Tes cuisses, ta
    geôle.

Tes hanches, oh! ce roc aigu, mon cœur tardif!
Ma prière, ma prière ensevelie, ma prière érodée,
    sacrifiée,
Œuvre de l'orfèvre posée sur le reg des heures oblongues.

Des heures s'allongeant dures dans la paume nacrée du
    jour.
Les cils, l'un sur l'autre, comme nous, étalés,
Nous étalant dans les ténèbres de l'œil du monde, notre
    déclin.

Un homme est passé sous notre fenêtre, une croix sur
    l'épaule,
Et nous sommes descendus nous mêler à la foule.
Jérusalem, qu'as-tu fait de nous? qu'as-tu fait de tes fils?

Et l'ombre jeune, le sol ensoleillé par les pas,
Par la chair d'un homme, d'un nomade de plus, d'un
    homme seul,
Et qui s'avance, et qui se perd au soleil, baissant la tête.

XVIII

Et maintenant, sous l'eucalyptus un conteur se tait,
Le parfum du désert de basalte s'active dans l'air et les
   visages se ferment.
Je cherche l'espace où vider mon sac, l'espace où émigrer.

Les pieds au sec, au fond du puits. Le désert est le lieu
   du seul Dieu,
Je Lui ai laissé ma silhouette appuyée sur le sable,
Mon exil comme estampe du vertige et scintillement du
   blasphème.

Afin de renflouer le débit des mirages insaisissables,
   excessifs,
J'ouvre les yeux, j'ouvre le Livre; et le bruissement des
   sandales
Sur les dalles de l'amphithéâtre trahit la présence du
   passant.

Éloigne-toi! j'ai accumulé des entailles, favorisé des
   éclipses,
Et mon ultime recours est le songe,
Les narrations impitoyables des prodiges hissés haut
   comme le fer.

Nul n'a connaissance du bouleversement, du désordre
   de mon sommeil.
Un insigne, sur mon front.
Je m'affranchis des ailes cireuses de la mésintelligence,
   de l'enclos.

Comme une faux, tout est à refaire: au ras du sol.
Pour exposer les pierres gisantes et les cailloux les plus vils.
Pour permettre l'usure de toutes fondations, pour m'en
   aller.

Vaste comme le son de l'Orient. Comme jadis, dépouillé
    de la norme,
Mon souffle fusant hors des limites de l'écart,
Il me sera permis demain d'avancer d'un seul pas.

XIX

Oh! ces territoires de la dépossession, marécages du
    tourment,
Où les résines et l'encens tracent des routes à suivre
Pour s'élever vers Dieu, pour ne pas se laisser anéantir
    par l'homme.

Pour se soustraire à l'emprise des rapts, il nous faut en
    finir,
Une fois pour toutes, en rasant les forêts, en parsemant
    la terre
Du sel le plus gros et si possible, en incendiant les
    sources de vie.

Oublier au plus vite, sans dignité, et comme dénis de
    mémoire,
Exécrer celui qui ose battre sa coulpe; faut-il toujours
    ironiser,
Cruellement, pour capter l'attention de celui qui dort?

Toutes les villes sont exiguës; je réclame une route, un
    chemin,
Un sentier à ne pas emprunter dans la plénitude des
    sables,
Et je réclame aussi une soif éternelle à la raucité trouble.

N'avoir de maison que le vent chaud sur la peau,
L'indicible perlant sur les lèvres, et sous la dent,
Écraser le grain de cardamome, la semoule, honorer la
    racine du Chant.

Ma vie ne sera toujours que l'esquisse d'une vie;
L'horizon, qu'un désir itératif; *ce qui manque ne peut être
    compté;*
Obsédant, le vivant horizon goûte le sable et la cendre.

Et le sel sur ta peau. Pour alimenter ma soif. Pour
    l'essence de mon chant.
Pour faire usage des ressources de la pénombre.
    Démesurément.
Pour me libérer des griffes du Livre, pour trouver enfin
    le Lieu.

XX

J'ai ramené de l'or et des pierres précieuses,
Des images à polir, à ciseler, à monter. Qui saura s'en
    émouvoir?
Je cherche moins à séduire qu'à transformer les regards.

Me serais-je trompé? Que puis-je offrir quand la poésie
    est fracas,
Preuves, affiches criantes et bavardes? Rien.
Ni même aucune possibilité de rachat, de rappel.

J'avais pensé que la mémoire m'eût été rendue au
    désert,
Au seuil des incessantes sécheresses et des cœurs arides;
J'avais pensé que la mémoire était chose donnée sous le
    soleil.

Mais la mémoire est chose à créer, pierre massive à
    pétrir,
À laquelle insuffler la vie, de son propre souffle inscrivant
En lettres de feu l'acheminement vertical des passions.

Seul avec ma mémoire, seul avec le feu,
Seul avec la fièvre du Verbe, le feu de la matrice originelle,
Stoïque audacieux faisant face à sa propre musique.

Seul avec mon souvenir, et le partage m'est refusé.
L'incandescence est mon seul soutien; en ce monde,
Je n'attends plus rien, je m'apprête à repartir.

À errer, qu'ai-je appris des hommes?
Ils mènent gentiment hors de la ville celui qui s'est crevé
    les yeux,
Le forçant à contempler dans la nuit sa perdition, son
    irréversible brûlure.

XXI

J'avais voulu que mon errance soit un combat, une tension
Pour aimer, pour me faire aimer, pour aimer me faire
    aimer;
J'avais voulu que l'écriture ne soit que l'intention de
    l'errance.

Il n'y a rien de nouveau sous le soleil, j'ai mis à part mes
    échecs;
Je poserai ma bouche sur les téguments salins des
    courbes, des carrures,
Contre la lumière pulvérisée de sa croupe de gypse, de
    grès, de granit.

Simplement, je boirai à l'unique source connue, humblement.
Et j'apprendrai à nourrir le feu originel de la mémoire,
J'y trouverai mon bonheur. Je m'y tremperai le cœur, au repos.

Et maintenant pour mon âme, une seule réalité, qu'un souffle :
Que Ta Volonté soit faite et non la mienne. J'abandonne l'image.
J'éloigne de moi les ébauches cursives du poème à venir.

Le poème laissé derrière, à Jérusalem, les vers d'un homme fini.
Mes mains ont changé, mon regard s'est coupé aux fêlures de la ville,
Et les fenêtres de la chambre sont fermées.

De la porte de Jaffa à la porte de Damas, j'ai traîné ma fatigue.
Mes genoux sont râpés, et je lève le nez
Sur le lieu où la coutume a voulu que l'on plantât des croix.

Oh ! trahie par autant de mirages, ma vie !
Ma vie se désirant pour elle-même, et mon cœur, imaginant l'amour !
Enfin, je pars, plus vain que jamais, ô Sable des sables !

Jérusalem, Jéricho; Montréal;
du 14 juillet au 23 août 1993.

une empreinte

Je reviens de si loin, et je suis encore plus éloigné de vous, mes bêtes blessées, mes censures, mes amis, si loin de vous mes ténèbres, si loin des soupirs rauques, des gestes fades, loin, si loin du morne quotidien.

Si loin de vous, fenêtres givrées pour toute éternité, si loin de vous poignets liés, si loin des uns, si loin des autres; à mes côtés la ville supplie: si loin de vous, ces pas engloutis par ses grands soupiraux.

Si vous saviez comme vous êtes loin, si petits: je regarde par-dessus mon épaule et vous disparaissez, et tout est bien ainsi, je vous fais mes adieux, j'ai de la terre sous l'ongle et je m'en servirai pour signer.

Pour signer le nom que je me suis donné; je n'ai pas fait de provisions, je pars comme je suis venu; là-haut, la poussière a construit ma demeure, l'abattis du poème, le foyer du désir friable.

Ce que j'ai reçu, y ai-je pris garde? en aurais-je abusé? Mon regard en trahit le désordre; qu'attends-Tu de moi, mon Dieu, que suis-je sans le Verbe frêle, sans la mince et fine surface de la paume de ma main?

Ce que Tu m'as prêté, la Poésie, je Te le rends. Je Te rends le mélange opaque du Verbe et du tourment, mais voilà: Tu reprends le Verbe, et je garde le tourment. Tu reprends ce par quoi je n'aurai pu Te servir.

L'oisiveté de l'errance m'a trompé. J'ai courtisé la mémoire; je l'ai laissée m'étreindre; elle m'a anéanti. Je pars vers un lieu où l'on reste, le vaste espace étarqué de l'Appel, là, nommément: le Silence.

Et l'espoir reste pour plus tard, et vous aurez la bonté de ne pas le troubler.

FRANZ KAFKA,
juillet 1923

REMERCIEMENTS

Au Conseil des Arts du Canada, pour m'avoir permis de mener à terme *Le quatuor de l'errance* et *La traversée du désert*.

À mes amis du Pakistan, pour leur amitié et leur générosité, et pour leur joie de vivre: Tahin Mehmood, Mohammed Adīb et Hāji Ustād Nusrat Fateh Ali Khan Qawwāl, de Lahore, Punjab; Asim Khan, de Peshawar; le patron et le personnel de l'auberge Hunza, à Gilgit, pour le jardin de roses.

À mes amis de l'Iran, pour leur hospitalité sans pareille, leur dignité toute persane et leur grande noblesse de cœur: Khourosh G., de Chiraz; Mohammed T., d'Esfahan; Hāmid Reza G., de Bandar-e-Anzali.

À mes ami-e-s de Turquie, spécialement le poète Tuncay Kavuz et sa joyeuse bande de l'Université de la mer Noire à Trabzon.

À Mme Plassa du ministère de la Macédoine et de la Thrace, direction des Affaires culturelles et religieuses, pour m'avoir autorisé à séjourner au mont Athos dans des circonstances exceptionnelles.

Au Dr P.M. Michèle Daviau de l'Université Wilfrid-Laurier à Waterloo, pour m'avoir permis d'apprendre l'art de l'archéologie à Tell Jawa, en Jordanie.

À la peintre et archéologue jordanienne Sanaa Mohammed Khalaileh, pour son amitié remplie d'égards; à mes amis et complices Adele Tempest, Timothy Epp et Stanley Klassen, archéologues, et Timothy Hellum, photographe; et, bien sûr, aux villageois de Jawa pour les sourires, la musique et le thé.

Enfin, et surtout, à mon frère Alain René qui rend vivables les moments difficiles avant et après mes longs séjours à l'étranger.

Table

TITRES PARUS
DANS LA COLLECTION POÉSIE

*Cet ouvrage
composé en New Baskerville corps 12
a été achevé d'imprimer
le vingt et un septembre
mil neuf cent quatre-vingt-quinze
sur les presses de
l'imprimerie Gagné
à Louiseville
pour le compte des
Éditions de l'Hexagone.*

Imprimé au Québec (Canada)